Allan J.Kimmel

Ethics and Values in Applied Social Research

應用社會科學調查研究方法系列叢書 1

應用性社會研究的倫理與價值

Ethics and Values in Applied
Social Research

Allan J. Kimmel 著
章英華譯
高美英校閱
國立編譯館主譯

弘智文化事業有限公司

作者序

當筆者還是馬里蘭大學的學生，選修大學部的實驗社會心理學課程時，首次接觸了研究倫理。美國心理學會當時正通過了對人類受試研究的現行倫理準則。只在筆者已經與一位同學著手會受評分的自己操作的實驗之後，倫理準則和其意義才在課堂上討論起來。與同時的大多數社會心理研究一樣，我們的研究在實驗室內進行，並且包含著縝密構思的欺騙。不過，在實驗研究中倫理需要所獲得的洞見，很快使我們注意到自己所運用的欺騙手段。我們知道，已經無法重新設計實驗使受試者不致受到隱瞞；相反的，我們是較先前更慎重的，在資料蒐集後接受受試者的詢問。縱然，對那些貢獻可貴的時間給我們的實驗者，我們仍決定繼續對之有所隱瞞，筆者始終無法釋懷，可是事後回想，也理解到，我們的務實作法倒不是不正常的妥協。

本書目的在為社會科學家從事應用性社會研究所面臨的倫理問題，提供討論以及一些洞見。書寫的策略是，讓社會研究者在應用研究中，於未發生之前便預見倫理問題，以求能完全避免或更能處理這些問題。司空慣見的，要不

是在研究進行中陷入倫理議題或兩難困境，研究者很少會完全體認這些議題與困境的複雜性。這時候，要以合理而客觀的方式加以有效處理，為時已晚，並且很可能得到的是，在倫理與方法之間較不令人滿意的妥協。

本書主要以高年級的大學部學生、研究生以及社會與行為科學的研究人員為對象。書中包含個案研究，同時提供解決衝突和發展替代方案的建議。貫穿全書的，我們說明倫理與專業價值之間的衝突，以求能評量那些針對應用性社會研究策略與目標的反對意見。我們期盼如此討論將有助於對社會研究方法以及科學活動組織更完整的了解。

完成此書，筆者必須感謝一些人。特別感謝叢書的編者，Debra Rog 和 Leonard Bickman，提供筆者撰寫此書的機會。他們與兩位評審人，Thomas Murray 和 Greg Andranovich，對初稿提供了一些有用的建議，筆者已經試圖納入章節之中。筆者深信，他們的建議使得本書更完滿而豐富。Donald Campbell 供應了有益的背景材料，包括他為「保障生物醫學與行為研究人類受試者國家委員會」所準備的工作報告。他也就預防性介入研究中可能遭遇的微妙倫理問題，提供令人羨慕的洞見。最後，筆者尤其受惠於 Ralph Rosnow，他在本書的撰寫工作中好比是位「無聲的夥伴」，他的無數的批評以及對初稿的一再回應，都極具價值，他是激勵筆者撰寫本書的重要力量。

Allen J. Kimmel
於 Fitchburg，Massachusetts

叢書總序

　　美國加州的 Sage 出版公司，對於社會科學研究者，應該都是耳熟能詳的。而對研究方法有興趣的學者，對它出版的兩套叢書，社會科學量化方法應用叢書（Series: Quantitative Applications in the Social Sciences），以及社會科學方法應用叢書（Applied Social Research Methods Series），都不會陌生。前者比較著重的是各種統計方法的引介，而後者則以不同類別的研究方法爲介紹的重點。叢書中的每一單冊，大約都在一百頁上下。導論的課程之後，想再對研究方法或統計分析進一步鑽研的話，這兩套叢書，都是入手的好材料。二者都出版了六十餘和四十餘種，說明了它們存在的價值和受到歡迎的程度。

　　弘智文化事業有限公司與 Sage 出版公司洽商，取得了社會科學方法應用叢書的版權許可，有選擇並有系統的規劃翻譯書中的部分，以饗國內學界，是相當有意義的。而中央研究院調查研究工作室也很榮幸與弘智公司合作，在國立編譯館的贊助支持下，進行這套叢書的翻譯工作。

　　一般人日常最容易接觸到的社會研究方法，可能是問

卷調查。有時候，可能是一位訪員登門拜訪，希望您回答就一份蠻長的問卷；有時候則在路上被人攔下，請您就一份簡單的問卷回答其中的問題；有時則是一份問卷寄到府上，請您填完寄回；而目前更經常的是，一通電話到您府上，希望您撥出一點時間回答幾個問題。問卷調查極可能是運用最廣泛的研究方法，就有上述不同的方式的運用，而由於研究經費與目的的考量上，各方法都各具優劣之處，同時在問卷題目的設計，在訪問工作的執行，以及在抽樣上和分析上，都顯現各自應該注意的重點。這套叢書對問卷的設計和各種問卷訪問方法，都有專書討論。

問卷調查，固然是社會科學研究者快速取得大量資料最有效且最便利的方法，同時可以從這種資料，對社會現象進行整體的推估。但是問卷的問題與答案都是預先設定的，因著成本和時間的考慮，只能放進有限的問題，個別差異大的現象也不容易設計成標準化的問題，於是問卷調查對社會現象的剖析，並非無往不利。而其他各類的方法，都可能提供問卷調查所不能提供的訊息，有的社會學研究者，更偏好採用參與觀察、深度訪談、民族誌研究、焦點團體以及個案研究等。

再者，不同的社會情境，不論是家庭、醫療組織或制度、教育機構或是社區，在社會科學方法的運用上，社會科學研究者可能都有特別的因應方法與態度。另外，對各種社會方法的運用，在分析上、在研究的倫理上以及在與既有理論或文獻的結合上，都有著共同的問題。此一叢書對這些特定的方法，特定的情境，以及共通的課題，都提

供專書討論。在目前全世界，有關研究方法，涵蓋面如此全面而有系統的叢書，可能僅此一家。

弘智文化事業公司的李茂興先生與長期關注翻譯事業的余伯泉先生（任職於中央研究院民族學研究所），見於此套叢者對國內社會科學界一定有所助益，也想到可以與成立才四年的中央研究院調查研究工作室合作推動這翻譯計畫，便與工作室的第一任主任瞿海源教授討論，隨而與我們兩人洽商，當時我們分別擔任調查研究工作室的主任與副主任。大家都認為這是值得進行的工作，尤其台灣目前社會科學研究方法的專業人才十分有限，國內學者合作撰述一系列方法上的專書，尚未到時候，引進這類國外出版有年的叢書，應可因應這方面的需求。

中央研究院調查研究工作室立的目標有三，第一是協助中研院同仁進行調查訪問的工作，第二是蒐集、整理國內問卷調查的原始資料，建立完整的電腦檔案，公開釋出讓學術界做用，第三進行研究方法的研究。由於參與這套叢書的翻譯，應有助於調查研究工作室在調查實務上的推動以及方法上的研究，於是向國立編譯館提出與弘智文化事業公司的翻譯合作案，並與李茂興先生共同邀約中央研究內外的學者參與，計畫三年內翻譯十八小書。目前第一期的六冊已經完成，其餘各冊亦已邀約適當學者進行中。

推動這工作的過程中，我們十分感謝瞿海源教授與余伯泉教授的發起與協助，國立編譯館的支持以及弘智公司與李茂興先生的密切合作。當然更感謝在百忙中仍願抽空參與此項工作的學界同仁。目前齊力已轉往南華管理學院

教育社會學研究所服務，但我們仍會共同關注此一叢書的
推展。

章英華‧齊力
于中央研究院
調查研究工作室
1998 年 8 月

目錄

1

導論

　　自第二次世界大戰以來，由於研究人員試圖確保所做
的研究指向富於價值的目標，而且研究對象和同仁的福利
也都受到保障，以致於社會科學的倫理問題成為日益受到
關注的課題。最近幾十年來，科學與社會的機制以及共同
的指導原則都有所演變，不論對社會科學各學科（人類學、
政治學、心理學和社會學）的研究人員，或對一般大眾，
都提出保證說，研究上解決兩難困境的一些方式，在道德
上是可以接受的。但是，倫理的判斷與決定，大都有賴於
個別研究人員對解決機制和指導原則的體認與解釋，並且
在許多案例中，還是欠缺解決之道所需要的明確分際。

　　社會科學所遭遇的倫理議題，細微而複雜，導致了許
多困難的道德上的兩難，乍看之下似乎還沒有解決的途徑。
這些兩難困境都需要研究人員能在科學的方法要求以及研
究可能危及的人權和價值之間，取得巧妙的平衡。這麼做，

指導研究的根本原則的運作，就盡可能既依循倫理要求，又不損害研究工作的正確度。因此很根本的是，研究人員不斷的反躬自問，如何能合乎倫理的執行計畫，同時又能經由還不錯且可以推論的研究而有所進展。嗣後的幾章，筆者將回顧當今的倫理標準，這些標準作為指引機制（guiding mechanism）的意涵，也將置於研究者所遭遇的兩難困境的脈絡下加以討論。

本章企圖彰顯社會研究中倫理問題的重要性。為達此目的，將先描述應用社會研究（applied social research）的目標，並與基礎社會研究（basic social research）的目標相對照。同時提供一些實際的個案研究，以研究文獻中遭遇倫理矛盾的調查為例證，使讀者更能體會，在全部研究過程的所有階段中，倫理考量的重要性。

基礎與應用科學的目標

社會科學家雖然都共有一些研究上的基本原則，他們可能選擇將其科學活動導向為純粹的或應用的。根本的區別——雖然過度簡化——在於，「純粹」的科學不受實際、具體的社會問題和爭議的挑戰，而「應用」研究在本質上是非理論的（Pepitone, 1981）。將自己的研究活動限定於純理論的工作，且並不明顯與現實世界的問題相關聯者，就通常被視為「基礎」研究人員。基礎研究人員都認定，

適當的研究流程是對科學問題的客觀研究與最後解答，並不論其解答是否能實際運用。

在二十世紀之初，社會科學研究首先是在機械式的範型或概念架構指引下，如此的範型和架構採借自（並非偶然的）自然科學的實驗途徑。此後，基礎研究者通常就視自己為價值中立的「技師」，維持在發現真理上的積極角色，卻在決定其發現的社會應用上，顯現消極的角色（Rosnow, 1981）。這種科學的非責任性，背後的假定是（直至目前還大都是如此），雖然研究發現可以為善或為惡，知識仍是倫理中立的。在如此價值中立的傳統下工作，基礎研究者一般都同意，他們的工作是客觀的、道德中立的（就如「純粹的」和「基礎的」這樣的字眼所意味的），他們對科學知識的追求，是為知識而知識，沒有利益關聯、不涉人情。

一些基礎科學傳統的批評者則主張，純粹研究並非價值中立的，依他們的觀點，不運用得自理論研究的知識而致力於減少實際生活上的社會問題，是不道德的（如：Baumrin, 1970; Weber, 1949）。但是，其他對基礎科學所謂道德中立質疑者（如，Giddens, 1976, 1979; Smith, 1978），則抱持相反的論點，認為在「純粹科學」的應用上，過去有著濫用的情形（如原子分裂和廣島的核爆，試管受精與試管嬰兒等等）。再者，這些批評者認為，基礎研究經常導致運用不合倫理的步驟以獲取知識（比如當人類受試者在理論研究過程中受到傷害），同時，他們指出，一些知識對個人生活與社會生活有其潛在的破壞力，諸如對品性

和社會習俗的損害（Luria, 1976; Smith, 1978）。因此，當我們從更寬廣的社會觀點思考基礎科學家知的權利時，如此的權利——在純粹科學中是隱含的假定——可能與不造成傷害的責任，有所衝突（Steininger, Newell & Garcia, 1984）。

　　也許就因對純理論探究的侷限與有限用途的反應，有些社會科學家一直努力在他們的工作中，帶進並穩固建立起社會的關聯性。譬如在心理學，從純理論探究中有所轉向，在其發展的不同階段裡都曾出現。直至第一次世界大戰，為著保持純粹、客觀的科學身段，心理學都避免朝向應用的任何轉向。任何的應用傾向，都遭到較傳統的基礎研究者（如 E. B. Titchener，一位堅定的實驗主義者）的嚴厲批評。Titchener 激烈批評在 1920 年代行為主義學派的建立，行為主義要求心理學家以還未具備穩固理論根基的技術取代科學（O'Donnell, 1979）。數年之後，William McGuire（1965, p.139），另一位權威的實驗主義者，宣稱說，強調應用而非理論的研究取徑，就如同「將一盤煮熟的義大利麵從桌尾推向桌前一般，既不優雅又缺乏效率」。自一次大戰之後，很明顯的，回應著社會的和專業的勢力，心理學如鐘擺似的，就在行動取向科學的機會出現之際，有時會擺向應用的一端。然而每一求取社會關聯性的努力，都引起一組細緻而複雜的倫理議題，威脅到科學的客觀以及道德的中立（Rosnow, 1981）。

　　或許因為心理學家不耐煩在他們的工作中尋求社會關聯，他們無法就他們在應用情境中運用既定的實驗過程這樣的作法，去思考有關的倫理意涵。譬如，Argyris（1975）

曾經建議，由於許多科學的社會心理學是植根於實驗室內對變項的操作和控制，想要解決社會問題的心理學家，若依樣畫葫蘆在自然世界也對變項加以操弄與控制，也許並不合宜。如果這樣的論斷是正確的，我們也不難了解，何以許多在理論性的實驗室研究中所遭遇的倫理兩難困境（如告知同意、接受質疑以及保密）都同樣出現在應用的情境。只在晚近，心理學家開始思考不同的執行研究與產生社會變遷的策略，諸如，徵求人們作為合作者（collaborators），而非「受試者」（subjects）。提倡所謂「角色扮演」（role play）的學者主張，蒐集資料或產生變遷這樣的工作，對心理學家和參與的同仁，都可以因而提供更好的相互利益。

　　社會科學內的其他學科，如政治科學，在發展過程中經歷了相似的轉向。在政治科學，對方法和客觀探究的著重，在 1940 年代逐漸讓步，著重點轉向人們調適於社會所導致的問題。這樣的政策科學探究所強調的是，政治科學所選擇研究的課題應當與當時的主要政策議題相關，如此便與學者自己的價值以及民主社會的目標相契合（Lasswell, 1951）。如果要對政治科學中政策研究取徑深入思考，不妨參閱 Lerner 與 Lasswell（1951）以及 Rein（1976）的著作。

　　科學社群中的許多人會主張說，由於各種調查研究都具備政策、專業以及個人的意涵，研究倫理變得越來越重要。然而，這並不意味著我們可以逃避對限定科學活動於基礎科學探究所產生的知識這樣的責任。正恰相反的，認為只有應用科學具備有益社會的潛力才是合乎倫理的觀

點，則是種短視。科學中所達成的一些突破，是來自基本的理論探究。舉例言之，化學直到轉離應用的目標（鍊造黃金）而關注在理論層次上對化學的理解之後，才有所長進（Diener & Crandall, 1978）。

當我們更仔細的估量純粹與應用科學間的分際，道德的區別就變得模糊了。近來有些學者主張，「純粹」與「應用」之間的區分是錯誤的概念，應該不予認可（Georgoudi & Rosnow, 1985; Pepitone, 1981）。根據這種論點，由於應用研究經常導致理論的理解，而理論的增進又具備實用的可能，這兩種研究類型之間，並不如原初所顯示那麼不同。理論不是遠離給予它動力的具體事件的社會真空中所產生的（Sarason, 1981）。相反的，社會行為理論必須承受得起在具體社會情境中實際應用的測試，以求在科學社群內可以佔一席之地。與這樣的觀點類似的，社會心理學家 Kurt Lewin（1947）提倡如下的觀點，即理論的增進與對社會問題的了解是相互依賴的。Lewin 建議「行動研究」（action research），著重的是，藉著改變事物並觀察這種改變所導致的結果來研究該事物。依據 Lewin 的看法，科學研究者同時關心他的發現在應用上的潛力，是可能的。如果社會科學家們不能觀察自身社會文化脈絡中的人們，我們很難期望他們對領導、政治與經濟行為等，可以獲得完整的了解（Pepitone, 1981）。

很可能的，大多數科學的社會研究者，儘管有其理論取向，都已經從事行動取向的研究。科學訓練在要求理論表現之時，就灌輸嚴謹客觀性的主張。矛盾的是，堅守某

一理論，會導致科學家在選擇課題，提出疑問，設計實驗以及獲得答案的過程中，只認定在某一特定理論脈絡下才是客觀的。當我們觀察科學史，很明顯的，科學客觀性在越矩與規矩之中受到的讚許，不相上下（Lamberth & Kimmel, 1981）。

預防性介入：應用社會研究的例證之一

「行動取向」科學的主要目的是，累積事實與原則，以求立即應用在社會問題上，並改善人類的狀況。應用性社會研究者從事研究工作，期望的是，他們的研究成果有助於一些計畫的形成或改進，這些計畫的目的在於有助於解決許多方面的社會問題（Revlin & Timpane, 1975）。

運用其科學在人們生活和工作的實際情境中的社會科學家們，勢必對與道德關聯的行動（改變什麼，為什麼）有所對應（Reynolds, 1979）。在研究過程的不同層次，價值都介入了應用性社會探究中，包括對問題的決定，根據假定的原因和可能的解決方式對問題加以界定，以及確認並選擇參與研究者和標定的變遷對象（Fischer, 1972; Warwick & Kelman, 1973）。

最近在預防性介入領域的研究發展，對典型應用性社會研究的性質和目標提供了有用的例證，並提示價值如何與如此的工作無法分割。作為一種社會介入的形式，預防

性研究牽涉的是，對社區環境內的自然行為施以實驗或擬實驗的探究。許多預防性探究的應用都包含對低收入、少數群族人口施以嚴格控制的處遇方式（treatments）。很典型的，這些處遇本質上都含有教育的意味，傾向於教導人們不同的思考、行為和互動的方式，以避免他們落入潛在的抑鬱（如：Muñoz, Glish, Soo-Hoo & Robertson, 1982），人際互動的困難（如：Spivack, Platt & Shure, 1976; Spivack, Shure, 1974)，藥物濫用(如：Polich, Ellickson, Reuter & Kahan, 1984）等等的狀況。目前由區域或聯邦所支助的預防性介入的研究中心，它們許多的預防性介入研究，都隨機的將處遇和未處遇（或其他對照）的條件指定給實驗的和控制的參與者，在此種意味下，是真正的而非「擬似」的實驗。

就如同其他形式的應用性社會研究方法，預防性研究技巧有著一些倫理的要求。包括對所提議的研究有著合理的基礎與需要，適當的研究設計，能幹且合格的研究人員，適切的設備和材料，以及對研究參與者和受試團體的選擇、數量和類型要適當【譯者按：在本書中研究參與者（research participants）指的是研究者所研究的對象，與研究受試者（research subjects）可以互換】。補償措施，諸如健康和醫療照護，以及經濟的、社會的或其他類型的賠償，對因研究而受到傷害者，都必須是可以取得的。

與在控制情境與自然脈絡下的理論探究不同，但卻是一般應用性研究的典型，預防性研究經常處理明顯的社會的、行為的和經濟的運作，如此的研究要能適當執行，需要相當的資源與人力。在這樣的情況下，對受試者隱私的

保障、保密和告知同意，都代表著研究小組對個別的研究參與者在維持敬重上的基本責任。然而，同等重要的更細緻的倫理議題，所關聯到的方法要求，是如何將參與者隨機選擇與指派到實驗情境中。在這方面的關注下所牽涉的倫理問題，包括在社會介入研究中如何運用自願受試團體，以及如何適當的納入未給予特別處遇的控制團體。曾經發生過幾個產生未預期結果的例子（例如我們在稍後所描述的「劍橋—榮摩維爾」青年研究中的情形），這些例子都嚴肅的提醒我們應用性研究所潛藏的損害效果。

價值在防禦性介入研究中扮演著重要的角色，原因在於，如此的研究就意味著，預防科學家試圖預防他們認為可能危及人們的心理衛生模式。在應用性研究的決策中所根基的價值，其將角色在第 7 章將更完整的討論；然而貫穿本書的中心主題是，與倫理關懷相關聯的討論、辯論和爭論，有必要思考一些科學和道德的觀點。既有的研究提供我們的建議是，對倫理疑問的回答，既有賴於人們的科學觀與普遍的道德哲學，同樣的也要仰仗科學研究目前的狀況（如：Schlenker & Forsyth, 1977）。

社會研究倫理的個案研究

在上節有關預防性介入研究的討論中，很明白的，倫理責任在研究過程的各階段都不可或缺，從實驗設計（包

括如何招募受試者，以及在研究過程中如何對待他們）到參與所造成的後果，如在某些訊息透露之後，並因而增加受試者受到傷害的可能性或增加社區中其他人受到傷害的可能性（Kelman, 1972）。以下提出四個簡短的個案研究，都有助於說明在社會研究過程中可能發生的未預期的倫理兩難。（1）開莫勒計畫（Project Camelot），是政治科學的研究計畫，著重在拉丁美洲國家革命的決定因素，很快就被指責是反游擊的企圖；（2）劍橋—榮摩維爾青年研究（Cambridge-Somerville Youth Study），針對非行青年的次級防禦研究計畫，在過程中採取了所有的合理的步驟以保障研究參與者，但是卻導致未預期的負面效果；（3）「斯布林代爾」（Springdale）研究，有關紐約上州一個小鎮的社會學探究，例證的是，在研究發現發表之後未能隱匿個別參與者的身分，可以造成對隱私權多嚴重的侵犯；（4）有關在公共廁所內同性戀行爲的「茶室交易」（tearoom trade）研究，引起的問題是，隱瞞目的的研究作爲，在什麼樣的程度下可以用來研究無所疑心的參與者的行爲。

開莫勒研究。社會研究的結果，經常被認爲對那些尋求爲變遷辯護者或阻滯變遷者，都有用處。以致於社會中有勢力的控制部門，如支持這些研究工作的社會系統中的行政部門，會認識到有關社會結構和變遷之研究的潛在用處。社會科學家認爲開莫勒研究是個很明顯的例子：一個研究所產生的知識，誤入不當之手時，會造成極端誤用的可能（Levin, 1981; Reynolds, 1979）。在美國國防部支助之下，該六百萬美元的計畫針對的是探尋不同拉丁美洲國家

應用性社會研究的倫理與價值

中革命的決定因素。

開莫勒計畫的研究動力，來自陸軍研發部門的首長，而研究計畫後來是由華盛頓特區的美國大學的特別作業研究室所執行，在與陸軍簽定的契約下，執行「社會與行為科學領域的研究以支持陸軍的任務」（見《行為科學與國家安全》，1965, p.192）。開莫勒計畫在陸軍記載中描述如，一項「社會科學研究計畫，有關國家內在衝突的先決條件，有關當地政府行動——包括緩和、加劇和解決——對這些先決條件的影響」（參議員 J. W. Fulbright 對國防部有關外交政策事務研究的發言，國會記錄，1965.8.25，p.20906）。根據 Irving Louis Horowitz 對該計畫的仔細說明，研究的目的是要「設計對國家社會內部產生內戰可能性的評估步驟」，以及「更有信心辨認那些用來減輕評估為可能造成內戰情況的政府行動」。成功的話，該計畫將導致對事件過程的系統性描述，不論是和平的或激烈的政府的變遷，在事前、事中、事後的情形。

根本上，開莫勒計畫蘊涵的假定是，陸軍具備對反游擊問題更多的了解，便可以更有效的處理在其他國家發展出的問題。該計畫正式於 1964 年 12 月展開（就在美國派遣陸戰隊到多明尼加共和國稍後），指派了一位計畫主任並徵聘了一群社會科學家（包括社會學家、政治學家、經濟學家和一位心理學家）為顧問。顧問大都是短時間的提供技術協助，或就研究設計的某些方面維持較長期的職責。實際的探究工作，包括在不同的拉丁美洲國家進行問卷調查和其他的實地研究，而最終是要在世界其他國家推動類

似的研究。

　　開莫勒計畫很快就遭社會科學家指責，視為國防部透過為減少革命而設計的計畫，干預拉丁美洲國家的國內事務。遭受各方攻擊之後，國防部長 Robert McNamara 在 1965 年 6 月 8 日，計畫的實地工作在目標國家發動之前，宣布中止該研究。這個計畫的中止可以追溯及在試圖與智利的社會科學家建立合作關係之後，在智利所引起的敵視（Horowitz, 1967）。該計畫引起了智利知識份子的注意，接著也受到某些國會議員和左翼份子的注意，他們指控美國政府和其研究人員。這項爭議最後導致總統下達指令，要求國務院對所有的聯邦支助經費中，可能影響外交政策而涉及跨社會研究的計畫，都加以檢視。

　　圍繞著開莫勒計畫的爭議，說明了如陸軍這樣主要的功能只在於控制的組織，其支助的社會研究的缺陷。我們很難說，若是這樣的計畫由大體不受控於國家的社會科學家執行，是否會遭受同樣的攻擊。由於財政支持的來源，人們相當可能猜疑說，這樣研究所發展出來的知識，將被用來防止在現存政府內的變遷；並且，雖然研究發現的實際目標與設想的目標都不曾公開表示，所引起的猜疑和政治爭議就造成了足夠的國際敵視，而導致計畫中止（Beals, 1969; Reynolds, 1979）。在社會科學界之外，開莫勒計畫引發了全面的影響，社會科學研究的正當性普遍遭受質疑，包括了在南美洲的其他幾個研究也因而中止（Glazer, 1972）。

　　有關開莫勒計畫適當性的辯論，在計畫終止的數年之

後，仍持續蔓延，對該研究在政治上和倫理上的反應，正反映著社會科學家對該議題廣泛、分歧的觀點（Sjoberg, 1967）。雖然有些社會科學家接受美國政府和軍方的目標，認為有其正當性，其他人則明白對計畫支助者的目標和未能考慮革命的正面效果，加以挑戰。譬如，Glazer（1972, p.39）解釋他指責這個計畫所根據的三點：「只簡單假定美國軍隊在處理其他國家社會問題上具有正當的角色；主張美國的外交政策是決定研究地點的主要因素；以及認為內戰對一國人口的福祉總是最大的威脅。」

　　開莫勒計畫（以及許多其類似的研究）所遭遇的主要倫理問題是，研究者沒有能力從主控的政府單位取得充分自主以求取知識。根據 Sjoberg（1967），由於社會科學在政府或其他大型機構的活動中扮演日益吃重的角色，這類的問題更加增強。自開莫勒計畫後，其他類似的個案也被拉到抬面（像那些中央情報局所贊助的研究），顯示該計畫並非孤例。當社會科學家企圖將研究導向對人類更寬廣的關懷，同時是接受特定組織的支助時，像開莫勒計畫所所顯示的倫理或政治的兩難困境，將不斷發生。

　　劍橋─榮摩維爾青年研究。劍橋─榮摩維爾研究很強烈的提醒，我們需要進行評估性的預試，以求能衡量處遇方法【編者按：treatment 這個英文詞彙，有關疾病時，可以譯為治療，但是在一些心理問題的處理，或不良行為的矯治時，則譯為處遇】可能造成的傷害，並且採取預防措施以防止如此的傷害。在 1939 年，Richard Clark Cabot，一位社會哲學家和醫生，開始從事對兒童的實驗性處遇計畫，

意圖防止波士頓兒童（5-13 歲間）的非行，其後的研究就是人們所知的劍橋—榮摩維爾青年研究（Powers & Witmer, 1951），並且因為其真正的實驗性，又以隨機方式指定五百位實驗參與者，受到相當的注意。縱然在方法上，劍橋—榮摩維爾實驗足以是大規模長期社會實驗的楷模，但顯然它在研究中所給予的處遇方式所造成的非預期傷害，尤甚於所提供的協助。

　　Cabot 的研究納入了 506 位男童，半數經判斷為「難以處理」且具非行傾向，其他半數則屬「一般」。每一群體都有同樣數目的男童，經隨機原則被指定接受預防取向的輔導方案，接受指導、醫療協助約五年之久。其他受試者則是隨機的指派到未施處遇的控制團體。

　　在三十多年之後的 1975 和 1976 年，Joan MaCord 和她的研究小組執行了對劍橋—榮摩維爾研究的評估，試圖評量其長期效果。透過使用官方記錄和個人的接觸，MaCord（1978）就早期研究對生活經驗的長期影響，得到了 95% 原始受訪者的資料。這項評估比較了指派到受處遇團體者以及在控制團體的「配對者」。雖然 MaCord 發現，該方案的價值在接受服務的受試者的主觀評估中，大致都是正面的，可是客觀的準據卻呈現了相當不同且令人困惑的情形。在處遇與控制團體間的比較，都未顯示預防方案曾改進了處遇團體的生活。事實上，僅見的一些顯著差異，反倒有利於未曾接受介入方案者。接受處遇的受試者比控制團體者更呈現了酗酒和嚴重精神疾病的跡象，死亡年齡較輕，罹患更多的與壓力關聯的疾病，較易於受雇於聲望較低的

職業，更可能成爲累犯。

　　對這研究計畫非預期影響之最近乎合理的解釋，MaCord 建議說，對機構協助的依賴很早就在受處遇者身上發展，並且當外在協助不再可以取得之後，這些人心生憎恨。MaCord 也臆測說，處預方案對受處遇者創造了高期望，導致他們日後經驗中的剝奪感；或也許是增加了如下的可能性，爲了要合理化接受該方案的服務，使他們誤以爲自己需要幫助。

　　不論對該研究的結果做何解釋，MaCord 的追蹤評估不只揭示劍橋—榮摩維爾研究未達成預防受處遇者再犯罪的基本目標之一，並且似乎造成了負面的影響，這無疑是執行計畫的 Cabot 和研究小組成員所未預期的。同樣令人喪氣的是，在社會研究中，這樣的發現並不十分獨特。其他增加了反功能危險的預防性方案，Fo 和 O'Donnell（1975）以及 Gersten，Langer 和 Simcha-Fagan（1979）都曾報導過。Lorion（1984）曾指出，對學習障礙兒童廣泛施行開放教室，以及對老年人施以豬流行性感冒（swine flue）疫苗注射，所造成的影響都是社會介入策略非意圖結果的其他代表性事例。不過應當注意的是，當被廣爲接受且一直施行中的介入造成負面效果，而評估研究揭發這種影響的時候，該評估研究可以視爲一項正面的道德力量。在這些案例中，評估研究將揭露人們普遍採用而又被認爲有益的處遇方式的不良影響。

　　「斯布林代爾」個案。雖然社會研究中的倫理經常都事關有意的企圖，透過直接操弄以影響社會現象。但是相

當數量的社會科學研究，都著重在自然過程的描述。在描述的層次，社會科學研究所顯示的特徵是如下步驟，強調對特定個人或社會體系的直接觀察，以及對自然行為和事件的深入探查。如此的探究方式，一般都為人類學家、心理學家以及社會學家所採用，他們被允許進入實在的社會情境，並可以和參與者會談，目的在於發現並描述一個團體的重要社會過程和文化結構。這些探查經常在研究對象完全理解的情況下進行，同時與實驗的或其他類型的研究不同，如此的探查更可能只是探索性的，所產生的是推論的和故事性的描述（Reynolds, 1979）。

不過，在研究發現發表之後，導致社區的制度或特定個人受到公眾的審視，那也會引起嚴重的對隱私或匿名的侵犯。結果，對社會結構、團體或社區行動等的描述性實地研究所關聯的倫理議題，傾向於在報導或出版之際，而非在資料蒐集的過程，後者是實驗性探查經常發生的（Levin, 1981）。在紐約上州的小鎮所進行的一項描述性實地研究（Vidich & Bensman, 1958）明白呈現出，在研究完成之後所產生的間接效果的影響，如何會實質上更甚於資料蒐集過程中的直接效果。在他們的著作，《大眾社會中的小鎮：一個農業社區內的階級、權力與宗教》，Vidich 和 Bensman 描寫了一個社區的政治和社會生活，這社區被冠以「斯布林代爾」的假名，所根據的是 Vidich 在該地居住二年半的觀察。書中企圖「探索社區內的社會生活基礎，該社區欠缺力量去控制規約和決定其存在的各種制度」（Vidich & Bensman, 1958, p.vii）。

在斯布林代爾計畫開始之前，小鎮居民得到研究人員的保證，沒有任何個人的資料在印行的報告中可以辨識出來，同時，事實上也為這個計畫特別設計了倫理規章。這規章所明示的目的是，透過對隱私和匿名的保障，以及保證資料的機密性，「維護研究參與者的清白與福祉」（Bell & Bronfenbrenner, 1959）。然而當專書文稿在出版前的檢閱時，就已經有一些憂慮認為，儘管書中所提到的人們都用了假名，可是某些人還是可以在斯布林代爾內被辨認出來，並且這些人可能因書中的描述方式而受到傷害（Johnson, 1982）。這樣的評估結果是應驗了，這研究的出版，雖然隱藏了人們的身分，但仍使得小鎮的一些人落入困窘的境地，他們看到並強力反對書中對社區成員（包括社區領袖）的描述。

斯布林代爾的居民，無疑都感到研究者違反了匿名的承諾。書中的語調，就如對社區內一些成員態度和動機所賦予的因果屬性，彰顯著絳尊紆貴和恩賜的意味，也遭到質疑。譬如，書中的一段寫著：

斯布林代爾的居民不願意承認他們價值上的失敗，他們在面對重大事件的無能，以及他們在生活方式上的許多缺陷。藉由自我逃避和自我欺騙，他們努力規避面對一些爭議，一旦承認這些爭議，將威脅他們個人和社會存在的整個結構。不去面對這些爭議，取而代之的是，在某些情況中，他們妥協並修正自己的行為，同時在其他情況則再增強他們的傳統模式（p.314）。

斯布林代爾的居民對該書出版的反應是，在國慶日遊行中公開嘲諷研究人員，不論如何都拒絕未來與任何社會科學家的合作，因此排斥了重複研究和長期追蹤的可能。

斯布林代爾事件所引發的，且經常與實地工作出書相關聯的倫理問題是，「社區研究的作者，對所研究的社區居民匿名維護的責任，到底該到什麼程度？」（Johnson, 1982）。當研究參與者可以辨認他們自己在書中的困窘和受到的貶抑，導致的負面影響也許包括，減少個人的自尊，以及喪失對科學過程的信心。同時，他們聲稱對他們社會結構的描述有所誤導，也對報告的正確性加以質疑，勢必減低人們對書中描述的信心。很諷刺的，由於他們早先經驗所帶來的對社會研究的敵視，排斥任何用以解答正確性問題的追蹤研究。

「茶室交易」研究。不少執行社會研究所涉及的倫理議題，都關係到欺騙的運用，不論是在實驗的研究中一群毫不猜疑的受試者接受特別的處遇，或是在控制性較弱的研究中，受試者遭秘密的觀察或被問以有所掩飾的問題。雖然社會研究中使用欺騙的手段引申出一些倫理爭議，不過最嚴重的後果或許是，某些形式的欺騙經常侵犯研究參與者的隱私，侵犯了他們可以選擇回答情境的權利，以及他們可以選擇對他人提供與不提供自己意見、信仰和行為等等的權利（Ruebhausen & Brim, 1966）。對受試者隱私權的侵犯，在研究者以偽裝的角色進行參與觀察時，是可能的結果。

社會學家 Laud Humphreys 的茶室交易研究也許是最好

的例子，說明了在公共情境以僞裝研究可能出現的倫理問題。時仍爲華盛頓大學的博士班研究生，Humphreys 成爲發生在「茶室」的同性戀行爲的參與觀察者（participant-observer），茶室是同性戀者從事性行爲的公共廁所。他擔任茶室「把風女王」的角色，負起守門的責任，當陌生人靠近時提出警告，以此交換觀察同性戀行爲的權利。

有些人聚集在茶室，但卻似乎有著正常的異性戀生活，是他們的社區所接受的成員，Humphreys 尋求了解他們的生活型態和動機。藉著得到他所觀察者中一些人的信任，Humphreys 向他們表明科學家的角色，並能夠說服他們公開談論他們的生活。在知道這些人是茶室參與者中教育程度較高的一類之後，Humphreys 透過追蹤受試者汽車牌照號碼決定他們住家地址，由此以取得較具代表性的樣本。一年之後，Humphreys 改變他的身分，並宣稱自己是保健服務的訪員，在受訪者家中詢問受訪者。

Humphreys 研究的發現顯示，只有很小比率的受試者是同性戀社區的成員。許多受試者都是已婚者，他們不認爲自己是同性戀者或雙性戀者，但是他們的婚姻正處於緊張狀態。如所預期的，茶室交易研究的出版（Humphreys, 1970）同時遭到支持者和反對者的強烈反應。同性戀社區的成員和一些社會科學家對該研究給予喝采，認爲這研究讓我們了解社會少爲人知的一角，去除了一些刻板印象和迷思。但是其他人則指責說，Humphreys 無法保障他的受試者的隱私權，增加了他們遭警察盤問的可能，並且對受試者隱瞞自己的真實身分。華盛頓大學的一些教員對該研

究所採取的方法十分震怒，要求學校（並未成功）取消
Humphreys 的博士學位。

茶室研究提供了一些倫理問題，包括，一位研究者是
否為了獲得有價值的知識，就在違反受試者的最佳利益下，
仍有理由進行其研究；在什麼程度之內，欺騙手段可以在
研究重要性之下有其正當理由；人們如何能以科學上有效，
倫理上正當的方式，對非法的行為進行研究等等。在這個
例子中，科學家獲取知識的利益以及在保障個人隱私和其
他權利的社會利益之間的衝突，相當清楚。

摘要

以上舉出的幾個個案，揭示了社會科學研究的複雜性
質，它們所引發的倫理爭議，經常阻礙了朝向增進人類社
會情境的科學的進步；然而也不需要引起社會科學家之間
的憤怒。檢視這些個案的倫理兩難困境，逼使我們思考，
如此的問題如何產生，並設想，有何可能的解決方式，既
不會嚴重損害研究的效度，也保持了對參與者的尊重(Sieber,
1982b）。

在稍後數章所考慮的部分主題，也已具現於這些個案，
包括欺騙手段，研究參與者的隱私權和告知同意權等的爭
議（第 4 章）；蒐集長期資料所關聯的特殊問題（第 5 章）；
研究報告公開發表的可能傷害（第 6 章）；以及研究者、

受試者和機構之間利益的分歧（第 6、7 章）。在本書後面幾章面對的挑戰是，能否清晰的陳述並解釋各項爭議，以使他們的複雜性多少可以較容易的闡釋，同時問題的解決方法也不是那麼不容易設想。

問題討論

問題：在進入第 2 章之前，請對下列問題加以思考。保留你寫下的答案，在你讀完本書之後再回顧一下。你或許會發現，隨著閱讀各章之後，你的意見隨之改變。

- ▸ 應用性社會研究者的適當角色應該是什麼？什麼類型的研究問題應當被認為適用於指引應用性社會研究者的研究工作？
- ▸ 在研究執行之前，什麼是應當考慮的可能的倫理衝突？
- ▸ 可以運用什麼樣的策略，在大型組織的行政控制部門之下，增進研究人員的自主性？
- ▸ Vidich 和 Bensman 在知道一些參與者的身分可能遭人辨識出來後，他們還應當出版他們有關斯布林代爾的著作嗎？他們可以用什麼其他的行動方式保障斯布林代爾居民的匿名性嗎？
- ▸ Laud Humphreys 應該被允許進行執行他的「茶室」研究嗎？他可以怎麼樣來研究這個部分的社會而不必採用

欺騙的手段呢？

推薦讀物

Horowitz, I. L. (1967). *The rise and fall of Project Camelot.* Cambridge: MIT Press.

Humphreys, L. (1970). *Tearoom trade.* Chicago: Aldine.

McCord, J. (1978). A thirty-year follow-up of treatment effects. *American Psychologist, 33,* 284-289.

Rivlin, A. M., & Timpane, P. M. (Eds.). (1975). *Ethical and legal issues of social experimentation.* Washington, DC: Brookings Institution.

Sjoberg, G. (1967). Project Camelot: Selected reactions and personal reflections. In G. Sjoberg (Ed.), *Ethics, politics, and social research.* Cambridge, MA: Schenkman.

Vidich, A. J., & Bensman, J. (1958). *Small town in mass society: Class, power, and religion in a rural community.* Princeton, NJ: Princeton University Press.

2

社會研究中倫理問題綜觀

雖然社會科學家曾努力區分各種應用性研究，諸如社會實驗（Reynolds, 1979; Schelling, 1975）、評估研究（Smith, 1985b）、社會介入（Bermant, Kelman & Warwick, 1978）以及預防性研究（Kimmel, 1985a）等的倫理問題的特徵，不過就研究中構成倫理或道德議題的究竟是什麼，他們之間尚缺乏共識。一項普通的困惑就涉及「倫理」問題和「道德」問題間的區別，以及二者中何者是構成研究「兩難困境」（dilemma）的關鍵點。我們在社會研究的不同階段所可能遭遇的道德倫理問題，截然分歧，因而在描述和對照各特定研究上，清楚的類型或特徵分類，似乎就難以出現了。由於對應用性倫理問題的特性，以及所使用的術語，仍不夠明白，研究人員很難確定說，他們的科學工作是契合他們的價值和目標的。因此，在討論執行社會研究既有的倫理機制（第 3 章）和評估它們對研究方法的影響（第 4

章）之前，本章先詳細說明我們如何辨認倫理問題，並且描述可能引起的問題的範圍。不過一開始我們試圖澄清在倫理和道德這兩個字眼之間人們所推測的區別。

論倫理與道德的：二者間有差異嗎

「倫理」和「道德」都同樣發展自與習慣或日常用法相關的用語（Reese & Fremouw, 1984）。英文的 ethics（倫理）衍生自希臘文的 ethos，意味著個人的性格、性質或氣質。在牛津英文字典（1933）的定義是，與道德相關的（第三冊，p.312），或者更特定的，有關行為、意志或負責任者的性格等，關係到對與錯、或善與惡的區分者（第六冊，p.653）。同義字 morality（道德）則是源自拉丁文的 moralis，意味著習慣、態度或性格。根本言之，倫理和道德都指涉經常、正規的行為。

與這些詞彙的衍生相一致的，哲學家 William Frankena（1973）將倫理界定為哲學的一個分支，討論對道德、道德問題以及適當行為的思考。Frankena 強調，雖然倫理的和道德的這兩個詞彙都關係到道德，它們不應該與道德上是對的或道德上是善的相混淆。因此，道德判斷事關對或錯、應或不應、善或惡。每當我們在社會研究中自問「應該進行這個研究嗎？」就涉及道德的爭議。

雖然有些人選擇使用這兩個詞彙，好像它們有所差異

一般，但倫理問題事實上就是道德問題。相對於道德的關注（所追問的是，特定的行動是否符合既有的對錯觀點），倫理的這個詞彙用來指陳行為的規則或對原則的遵從（Frankena, 1973; Reynolds, 1979）。我們可以如下的說明，一位心理學家在倫理上可以不曾違反有關適當行為的專業規範，仍感覺自己的行為是不道德的（Smith, 1985a）。這樣的評價並不意味著兩個詞彙的區別，但卻指出了對心理學家行為評斷，在原則上的差異。依據一組原則（作為專業心理學家手則的）心理學家的行為是適當的，但依據其他的原則（更廣泛、更一般性的一組原則），卻不見得如此。因此，倫理的和道德的可以互用以指陳正當作為的規則，儘管有人喜歡在有關成文原則的脈絡下將之區分。

由於倫理與道德的兩個詞彙都必然涉及價值，它們或更正確指涉的是，社會保有某些價值的行為（Reese & Fremouw, 1984）。一般說來，價值意味著為人所珍視的或認為重要的事物（Steininger et al., 1984）。當道德問題反映著不確定性，人們無法在競爭的原則之間求得平衡，就適合說是具有倫理或道德的兩難情境（Smith, 1985b）。兩難困境明顯發生的研究情境是，兩個以上的所盼望的價值，卻看似相互排斥，每一價值都建議著不同的行動方向，無法同時達到最高的效益。

本書討論的倫理議題，大都來自那些有關探究目標、過程或者成果方面有所衝突的一組價值。例如在心理學研究中涉及人類參與者（human participants）的極其普通的兩難困境，源自目前心理學家面臨的嚴格要求的倫理標準，

必須首先在告知的情況下取得研究參與者的自願同意。告知同意（informed consent）的過程是，人們在被告訴可能影響他們的決定的訊息後，可以選擇是否參與實驗（American Psychological Association, 1982）。所告知的訊息通常都包括，對實驗過程的性質解說，以及更特別說明可能的不良反應（Loftus & Fries, 1979）。告知同意的道德理由是，對每位接受研究者應當給予完全的機會自行判斷，以決定什麼是將加諸於他們身心的東西。

在許多個案中，告知同意並不實際，譬如在群眾運動、協助行為、丟垃圾模式等等（Reese & Fremouw, 1984）。如今已有段時間，心理學家知道他們的試管是受到污染了的，亦即受試者參與實驗時會設想研究者的假設，因而增加了研究者預測的可能（Rosenthal & Rosnow, 1969）。因此，如果研究者必須完完全全告訴受試者研究的計畫、過程和假設，最後所得到的人類行為的心理，很可能是基於受試者臆測實驗者所想找尋的那種行為。

面對著潛存於測量過程中的問題，即觀察人們的行動會改變被測量的行為（技術上稱為「觀察的回應性」，observational reactivity），我們很容易理解，何以心理學家會禁不住去誤導受試者有關實驗的真正性質。當揭示研究的真正特性，心理學家冒著扭曲受試者反應的危險，並且最後還限制了研究發現的應用性。所以，行為科學家既希望能對他們的受試者公開而坦蕩，又知道這麼做會危及研究的效度，就面對著倫理的兩難。他們被迫衡量告知同意相對於科學上效度的要求，並且決定何種違犯造成最少的

應用性社會研究的倫理與價值

罪惡（Rosenthal & Rosnow, 1975）（參見第 4 章對告知同意困境的更進一步的思考）。

　　另一社會研究中倫理兩難困境的例證則涉及「標籤效應」（labeling effect），此一效果給予預防性研究者特定的嚴重僵局（Kimmel, 1985a）。在預防性介入運動中，早期發現可能的受害者，並且改善他們的環境以減低受害的程度，是極其普通的策略。這需要的是，警告這環境中特定人們可能罹病或可能受害的（at-risk）地位，也提醒那些對可能罹病受害者是重要的援助者或護衛者，如教師、父母、老闆或可能是同儕。人們因參與特殊的班級或處遇治療的系列課程而帶著廣為散布且標記著可能罹病的標籤，他們的前精神官能與前精神病的地位就成為眾所周知。更加複雜化如此情境的可能衝突是，研究者將某個人加以標籤，而可以讓他得到特別的服務。某些機構就要求在給予某人服務之前，要先加以標籤認定（根據美國精神醫學學會診斷與統計手冊Ⅲ）。如此產生的兩難困境，其衝突是在：給予負面標籤而協助可能罹病者以及不給予標籤而導致不能獲得協助之間（Carroll, Schneider & Wesley, 1985）。雖然研究者通常不會是賦予標籤之人，也不會是提出警告之人，不過我們可以強調說，他們具有道德責任以保障研究參與者不受到標籤的影響。

　　我們很容易就預料到，經由標籤效應累積的心理衛生的傷害，將經常遠超過特別的預防性介入所得到的好處。教室中的兒童當被標籤為非行或藥物濫用的高危險群時，在評等與評分、刻板印象、代罪羔羊、傷害的嘲弄以及指

稱病名等方面，也許就成爲自我預言的受害者。設計介入性研究，避免標籤與刻板印象或使之減少至最低的過程，意味著我們可以矯正預防性研究可能的負面的非意圖影響（減低標籤效應可能性的研究設計，參閱第 4 章）。

社會研究倫理問題的特徵

在社會研究中，任何想澄清倫理問題的努力，都需要先辨識出這些問題的特徵。最早是 Smith（1985b）所進行的嘗試，在就一項評估研究的實際事例分析中，辨識出應用性研究中道德問題的幾個特徵。社會研究評估者經常都面對著倫理問題，原因是，他們負有責任，要決定什麼是對社會方案或政策有益的。再者，有關誰得到利益與誰付費用等，他們的工作也有其影響，如此對基金再分配的建議，勢必導致涉及適當作爲的倫理問題。Smith 提供的個案研究提供了相當有用的起點，循之可以獲得對社會研究中倫理議題更深入與更一般的了解。

Smith 所分析的事例，涉及一家研究與開發公司對聯邦支助計畫的評估，該計畫目的在提高一個高犯罪、貧窮與內城校區中的閱讀和數學技能。在對課程透徹研究以及在研究地區花上相當時間之後，該公司的評估單位在未經行政評審之下，便直接繳送報告給聯邦的主管機構和學區，這公司本身並無正式的評審程序。由於該報告包含對研究

脈絡的長篇描述，學區官員和地方居民認為有損於地區形象，因此強烈批評研究報告。當這些抗議最後傳到研究發展公司的主任耳中，該評估研究的發現遭受塵封，評估單位的經理被解職，而工作人員被調到公司其他部門，或者辭職。主任於是聘請一位公司外的資深評估顧問來評鑑這整個事件。

外來顧問評斷說，報告中所呈現的資料雖然正確，但太過仔細且整個報告不夠平衡。他的看法是，很容易取得的對該學校的正面資料，應該與廣泛的負面資料同樣並陳報告中，同時，對學區的脈絡描述，應該關聯到整個方案的過程與結果。稍後，公司的主任解散了核心的評估單位，並以在其他不同計畫的評估者取代之。雖然，該單位的解散早已進行中，但是那位顧問感覺說，他對該報告的評鑑賦予公司主任採取行動的更進一步的動力，且或許因而助長了將重要的資料埋藏凍結，這些資料是可能增進該學區教育方案的。

分析以上的個案以求辨識其道德的特徵，首先最明顯的一點，就是該事件整體的複雜性。的確，**多種的道德爭議可以都在單一的社會研究情境中展現出來**。好幾個倫理疑問可以就這單一的評估事件提出來，包括以下各點的合適與否：（1）該評估單位製作不平衡的報告；（2）評估單位的經理未經受評估的學校官員的初步反應，便公布報告；（3）未經過評審過程報告就由公司發送出去；以及（4）公司主任解聘評估單位的經理，解散核心的評估單位，並且聘請一位公司外的顧問評鑑研究報告，以及稍後所採取

的行動。

在既存情境內出現多重道德問題的可能，就證明研究者在單一研究問題內孤立出唯一的倫理問題時，能抱持謹慎之心是相當重要的。我們也必須對任何採取的行動的影響能感覺敏銳。原因在於，對某一方面的倫理問題有所反應，同時或許會加劇或引發其他未預期、困擾的爭議。

除了倫理爭議的複雜性之外，Smith 指認出該評估事件所例證的其他幾項倫理特徵，就像第一個特徵般的，都可以推論到更廣泛的社會研究。譬如，在這個事例中很明顯的，單單倫理的敏銳感並不保證倫理問題就可以充分解決。雖然我們會問說，是否評估單位的經理太缺經驗，以致於不能預見評估報告可能的後果，或是意識不到地區居民的感覺，但很清楚的公司主任與外來的顧問都關注到研究人員的行為是否適當。道德敏銳感對主任和顧問而言，是舉出重要問題所必要的，但仍不足以讓他們選擇最滿意的行動途徑。

這個事件也例證了稍早所提出的一點，即衝突的價值易於引發倫理問題。在這種情境下，或許單位經理認為完完整整揭示相關脈絡資料的價值，要更優先於保障居民免於受到可能的危害。研究發展公司的主任必須在競爭的價值中權衡輕重，保障公司的名聲抑或支持公司的員工，以及明瞭有關評估報告品質的「真象」抑或避免公司遭受繼續批評。顧問所面臨的困境則是在客觀評鑑評估報告與支持公司的評估過程之間。對每一種兩難困境，都可以經由滿足競爭的價值的途徑達到一種妥協（例如公司主任可以

找到辦法，無須解聘單位經理又能保障公司的名譽）。但是，每一組的競爭價值，都彰顯有關適當倫理作為的意見分歧之來源。

另外一項 Smith 所辨認出來的倫理問題的特徵是，倫理問題可以既關係到研究的執行，又關係到研究的主題。雖然注意力都集中在社會研究者所採用行動的適當性，諸如對參與者匿名性和資料保密的保障，比較少的重點是放在所研究的方案的實際性質。我們可以質疑研究焦點在倫理上的可接受性（例如所評估的方案）以及研究執行在倫理上的可接受性（例如評估過程本身）。在以上所評估的事例，所研究的教育方案關聯的倫理議題，以及評估過程與結果所關聯的倫理議題，都是同樣適切的。能成功於增進學生認知技能的教育方案，同時會增強他們對特別的讚譽和特權的依賴（不妨想想，後者對劍橋—榮摩維爾研究的未預期結果，正好提供了可能的解釋）。一些預防性探究的性質，可能引發類似的倫理問題，就如當預防性研究的執行與其介入之目標對象的期望和關注有別時。同樣的，我們也可以根據各種幫助人們適應不公正的情況，以及強調人們可以自助的事務等所蘊涵的各種政治意義，而對某些精神疾病方案有所質疑（Muñoz, 1983）。

要決定是否適當的作為，往往需要更廣的觀點，這一事實也可以是一種倫理問題。對行動適當性的合宜判斷，如果有關其結果的資訊可以取得的話，則更容易達成。有時，只有當行動在回溯思考之後，並且從比研究執行時所具備的更廣泛的觀點去設想，才可能產生對一項倫理問題

更完整的了解。對評估主任解散評估單位是否處置適宜加以評鑑，或許會受到以下的體認所影響，即評估者對保障參與者權利的重要性相當注意，因此增進了他們工作的品質（和倫理上的可接受性）。雖然如此的回溯評鑑，對在最初決策情境的社會科學家很難用得上，卻能改進後續決策的品質（Smith, 1985b）。不過，倫理問題需要歷史視野以及實際經驗累積的說法，並不意味道德判斷只有在透過行動的結果才能確定。後者反映的是所謂功利主義（Utilitarianism）的立場，在下一章中有所說明。

另一項 Smith 提及的可辨識的特徵是，**倫理問題同時包含個人的和專業的成分**。對特定步驟所造成的可能危害，對受試者的疑慮加以欺騙的影響，對保密措施在調查回收率和受試者參與的影響等等的問題，當科學家意見分歧時，這些不同的意見不是衝突的個人關心，而是科學意見的分歧，會隨知識的累積而改變。專業價值大都是受建制的專業倫理原則和步驟所指引。在專業面向之外，倫理問題有其個人面向。是根據個人自己的良心所引發的決策行為。在我們所討論的評估事件中，公司主任決定解聘評估單位經理，顧問判定其處置適當，無疑都是高度個人性的決定。顯然，事關倫理的決策行為本質上都有其主觀的和客觀的成分，包括「知識與意見以及科學與道德偏好的混合」（Confrey, 1970, p.530）。倫理的判斷可能是立基於一種動機因素，如科學家從重要成就中獲得的驕傲，或一項反映複雜程度的因素，根據的是對適當作為的倫理議題和專業規範的了解（見第 7 章）。

社會研究的倫理問題，在 Smith 建議之外，還可以加上其他足以區辨的特徵。例如，因為個人的價值可以在科學探究中扮演要的角色，研究者必須透過謹慎的資料蒐集與分析，以及對研究發現正確而客觀的報導，以小心保障研究的完整美好。Reese 和 Fremouw（1984）曾主張，倫理問題可能關係到「科學的倫理」（即對資料完好的保障）或「研究的倫理」（即對人權的保障）。研究倫理涉及科學真理的發現手段和社會後果；不合乎倫理的判斷可能因其使用的方法而損害了研究參與者的權利，或因其研究的涵義而影響到廣大的社會。另一方面，科學的倫理則面對保障資料完整的規章（所謂完整是在知識的意義上，而非道德的合理）。由於科學的倫理關係到科學真理本身，不合倫理的判斷可能對科學作為一個知識體有所損害。這個特性是重要的，我們可以辨識出，研究中的倫理問題所危及的不必是社會而是科學社群，就如，當個人與主觀的偏誤直接或間接扭曲了研究報告的正確性。

縱使就如一個專業的倫理規則中所呈現有關規定的（「應當」）和禁止的（不應當」）規範條例，隱含著兩分的意味，但是當我們試圖描述倫理問題時，能認識到合乎與不合乎倫理的行為並非截然二分，相當重要。根據 Reese 和 Fremouw（1984），對一樣行為是否違反專業價值的判斷，是在由清清楚楚的不合倫理到清清清楚的合乎倫理的續譜（continuum）上。當倫理問題發生之時，看到明示的（規範的）倫理規則與實際行為實踐的差距，並非不尋常的（見 Childress, 1975）。

根本言之，倫理原則通常不是絕對的，必須眼觀研究脈絡以及其他相干價值才加以解釋。譬如，雖然心理學的倫理標準（American Psychological Association, 1981a, 1982）明言，告知同意應盡可能達成，不過研究情境的實際狀況卻使得這個規範要求只是指導原則，某種程度的偏離難以避免。欺騙手段的運用，諸如有意的扣留住重要資訊或給予錯誤的資訊，只要是符合某種條件（例如沒有其他的探究可以採用，危害的可能性低以及提供適當的詢問機會）是允許的。就如稍早說明的，某些研究者感興趣的科學問題的性質，為著保障參與者反應的正確度，或許需要欺騙的手段。欺騙意味著對參與者權利的損害，但不採用這樣的方式，我們沒有辦法透過有效的研究探索某些問題。然而，單單以一種作為廣為人採用的事實，並不就可以將之視為在道德上可接受的證據。人們說謊、欺騙和偷竊不是他們如此作為的辯解。同樣的，社會研究者經常欺騙他們的受試者不能當作他們如此作為的辯解。

　　最後一點，經常在對照或辨識倫理議題時遭人忽略的，即倫理問題在決定執行與決定不執行研究之際便已經產生了。傳統上對社會研究的倫理評鑑都考慮到執行特定研究時的成本和效益，但是經常無法注意不執行該研究的成本（與效益）（Rosenthal & Rosnow, 1984）。研究者或許不願意執行某一特定的探究，或也許對其他人的研究有所批判，理由在於研究的步驟與既定的優良科學作業方式的標準相反。同時，決定不執行該研究可能與研究參與者或與社會其他成員的最佳利益背道而馳。一位心理學家因為關

係到侵害受試者的隱私而拒絕進行一項研究，但是若執行的話卻可以減少暴力或偏見，因此，他並未解決倫理問題，只是以一項問題交換另一問題罷了（Rosenthal & Rosnow, 1984）。

因為成本的緣故而不去探究一項科學問題，這樣的決定當然就如決定要執行該研究一樣，可以採用倫理的立場加以評估。但是，研究問題典型的都可以有一種以上的探索方式，這使評估更加複雜。再者，大部分的道德哲學家都同意，避免立即而確定的傷害，比促成不確定又為時較遠的利益更為重要（見 Levine, 1975b; Natanson, 1975）。於是做與不做一項研究的決定是複雜的，同時也對研究者提出一項挑戰，即選擇既具備科學正確性又合乎道德訴求的方法（見第 8 章，對此有著更完整的思考）。

社會研究倫理問題的性質，不言而喻的，可以有著比我們目前提供的更長的特徵名單。在此所辨識的九個特徵，著重在值得思考與研究的較重要的倫理困境，並且或許是在所有層面的研究活動都極其明顯的。摘要言之，社會研究倫理問題的，可以有以下的一些特徵：

1. 一個研究問題的複雜性可以引發有關適切行為的多種質疑。
2. 對倫理議題具敏銳感是重要的，但對解決倫理問題卻並不夠充分。
3. 倫理問題是價值間相衝突的結果。
4. 倫理問題同時關係到研究的主題與研究的執行。

5. 對倫理問題的適當了解，有時需要立基於研究後果的更寬廣的觀點。

6. 倫理問題同時包括個人的與專業的成分。

7. 倫理問題可能關係到科學（作為一個知識體），同時也關係到研究（在其執行方式下，既保障了社會的權利與研究的參與者）。

8. 對適當執行方式的判斷，處於由清清楚楚不合倫理到清清楚楚合乎倫理的續譜中。

9. 倫理問題可以由於決定執行特定研究而產生，也可以因決定不執行該研究而產生。

應用性社會研究倫理問題的類型

根據倫理問題影響及的研究過程的層次，我們可以將倫理問題分類並相互對照。我們建議，下面三種層次亦即呈現著應用性社會研究中倫理問題的分類：（1）積極參與研究的個別研究參與者；（2）研究在其中進行的社會或所訴求的社會；（3）研究結果或結論會被納入的科學知識體。

社會研究與個別研究參與者。當我們從研究的個別參與者的層次觀察倫理問題時，研究者與提供研究資料的個人間的關係，應當受到特別注意。就如 Kelman（1972）所主張的，在研究者的社會角色裡，就潛藏著無可避免的權

力的矛盾，大部分可歸因於研究者在界定研究情境上的專門知識與責任。社會研究的受試者易於取自社會中相當弱勢的部門，如研究執行所在組織中的低地位員工，以及取自較不富裕的社區。他們的劣勢在研究情境的結構內將更強化，根據 Kelman，如此的權力差距，使受試者較少有拒絕參與研究的餘地，而且對他們覺得可拒絕和違反個人利益的步驟或程序，較無力抗衡。

英文中 subject（受試者）這個稱呼蘊涵著輕蔑的意味，並不足為奇。在早期的歷史，subjects（屬民）是臣服於國王的神聖權利之下。在醫學用語中，這個稱呼代表的是被切割作為解剖展示之用的屍體。目前的趨勢是以「參與者」取代「受試者」來表示參與研究的個人，似乎意味著研究中更平等的角色關係，同時意味著研究者有心放棄某種程度的地位（Schuler, 1982）。然而，人們參加一項研究就涉入了結構上不同於日常互動的關係，同時是冒險將自己的命運交到研究者手中，他們相信研究者會尊重他們的福利（Orne, 1962）。如此情形，對以年齡、身心狀況與社會偏差而言較依賴的和弱勢的人們（如兒童和老人、精神病患以及罪犯），尤其嚴重。

就對參與者不利的影響來看，至少在過去，社會研究是相當無害的，特別當與所知的某種情境下的醫療濫用相比較，更是如此（如，見 Beecher, 1966）。社會研究的受試者會遭到以下各種的不利影響或「損害」：（1）他們特徵的實質轉變，如在生理健康、態度、人格與自我概念上；（2）產生緊張與焦慮的經驗；（3）蒐集「私人」的資訊，

這些資訊會使人尷尬或因公開而使人涉入法律案件；（4）遇到有關自己的不愉快的資訊，若非參加研究則不可能遭遇；（5）經由對某些類型損害性資料的蒐集而侵犯到個人隱私（Levine, 1975b; Reynolds, 1972）。可以藉由受試者被辨識的程度（不論對研究者、受試者個人或受試者作爲一個團體），在研究中被報導的方式，及被辨識出的後果，使得上述傷害因而減輕（Schelling, 1975）。

當受試者與研究者之間的角色關係喪失了平等的契合，且研究者同時又失去權力使用的正當性時，參與者層次的倫理問題就特別嚴重。根據 Kelman（1972），當研究者與參與者之間維持著較強的夥伴關係，享有界定權力使用的限制和條件的共同的規範和價值時，在研究情境中權力行使的正當性便具備了。再者，受制於權力之下的個人，可以求助於某些機制，如法院或倫理委員會，透過這些機制他們可以質疑或投訴權力運用的方式。

社會研究與社會。我們必須關注一般大眾，以求他們不會因研究發現的後果或研究結果的出版而受到傷害。對人們的集體和整個社會，社會研究可能造成一些有益的（雖然是一般性的）成果（對集體的如社會位置、健康、教育、工作條件等的改進；對社會的如在控制生物醫學、心理以及社會等現象的知識與能力的增進）。然而，對某些研究，其設計以取得資訊的方式，至少在短期內，受試人口群的成員會認爲是牴觸他們的最佳利益的。例如，在設計以控制公共場所抽煙、工作場所的偷竊行爲、違反速限規定、隨地丟垃圾、接近色情等等的研究，會遭遇強勁的團體利

益而不願提供訊息（Schelling, 1975）。

在整體社會層次的倫理問題，可能牽涉更微妙的影響（Reynolds, 1979）。社會成員或許因為有關各種現象的知識的增加，而經驗了降低的個人自主感，並且對那些負責應用新知識者的信任感會產生質疑。當研究的焦點涉及社會體系時，如在人類學、政治學、社會學以及經濟學研究中所常見到的，其他微妙的負面影響可能被辨識出來。以成功的增強社會體系的工作效率為目標的研究，可能犧牲了個人的權利，或許造成未能預見的後果，如提高了組織犯罪。Levin（1981）曾將社會學研究與心理學研究的倫理議題加以對照，前者所研究的是能彰顯社會結構特徵的行為模式，後者則側重行為的個人間的差異或情境的決定因素。社會學研究，不同於心理學的，特色是企圖解釋影響許多人的社會結構現象，對一個社區、組織或整個社會的社會秩序的研究，經常發掘未為公眾知曉的行為形式，諸如白領犯罪、不良商業作為、政治腐敗以及組織缺陷。這樣一來，在心理學研究認為是對個人隱私的侵犯，「在社會學研究中卻可以被認為只是顛覆性行動，藉揭發社會制度的缺陷而使該制度逐漸衰退」（Levine, 1981, p.52）。因此，為使有關社會結構與變遷的研究造成重要的科學貢獻，在引發棘手的倫理議題之下，有必要超越一些標準並冒些風險。

社會研究與科學知識。相當廣泛的倫理問題都蘊藏在社會研究資料蒐集、分析和報導的過程內。雖然一般都假定，社會研究者所蒐集的資料都會具備知識的完整性與信

任感，但資料可以在不同的方式操弄下，有害於科學學科的知識累積。就如 Babbage（1969）首先建議的，各種犯行可能包括「調理」（cooking）（只選擇那些符自己假設的資料）、「整飾」（trimming）（操弄資料，使之顯得更好）或「造假」（forging）（資料的完全僞造）。嘗試進行複製研究，可以用來矯正以上的犯行對科學的傷害，不過這樣的嘗試對那些大規模且費用驚人的社會研究，極其罕見（Fisher, 1982）。

當社會科學家跨入應用領域，幾乎總是必須改變參考架構。不過科學探究的倫理部分是在於正確、完整的觀察並報導全部的資料，就算科學家所最珍惜的一項理論會遭到這報導的威脅，也必須這麼做。進入有著對立利益的情境（adversary situation）（包括在私人企業與政府機構等的研究位置）的社會研究者，面對著不同於在「象牙塔」中執行研究的科學家的倫理情境。

在前者的情境中，所收集的資料或許不能以純粹且完全客觀的方式公開。譬如，受雇於一個組織的研究者，該組織所期望的是以組織的最佳利益爲考量。如此一來，研究者面臨無可避免的限制，同時身處於脆弱的位置，必須平衡組織的忠誠與專業的客觀（Adams, 1985）。在研究發現對組織方案與策略的意涵上，會受到壓力去減低不利發現的重要性（並強調有利的發現）。也可能有著增強效果，使研究者傾向參與不具威脅的研究活動，並且也減低他們對保密和敏感資訊的接觸（這些資訊可能嚴重妨礙研究過程）。

在某些方面，倫理問題可以發生在研究過程資料蒐集階段之外。或許科學資料最麻煩的影響的產生，是當新知遭到誤用時，或者廣受認可的有著可靠效用的步驟與原則未能適當執行時。不當運用研究發現一旦超出清楚界定的條件，可能導致嚴重且影響深遠的方法與倫理的後果。這轉而使人們對關於推論的和應用性跨科際研究的倫理問題（亦即，科學家必須向私人企業、政府機構和商業機構提出報告與徵詢意見），提出一些重要的質疑。

另外一項關係到科學知識倫理問題所關注的是，保留研究結果直到在有同行評審的期刊發表，或盡可能早的詳細報導研究結果，二者之間到底何者更有益於公眾（Bermel, 1985）。兩種途徑都有缺陷：儘早報告研究發現，假使該報告缺乏關鍵資訊且可能解釋有誤，會阻礙公眾的了解，但是在同行評審中長期延滯，則會導致對那些應該盡快聽到研究結果的人而言，資訊是被扣留住了。Sommer 和 Sommer（1983）對假設性的發現易於廣泛見諸教科書和技術報告，曾經表示他們的關切，理由是，摘要報導容易造成對實際研究發現的誤解。以上和其他的相關議題所關心的是，研究者清楚說明所提出的研究證據的限制，這將在第 6 章中詳細討論。

摘要

社會研究中的倫理問題反映的關注是，有關研究與步驟的過程和結果的適當作為。倫理問題可以根據一些特色而辨識，同時，依據有著最清楚意涵的研究過程的層次，加以分類，包括研究參與者的對待方式，對社會的責任，資料蒐集、分析與報導的清白完整。

問題討論

▶ 回想本章中所討論的評估研究的事例。可以辨識出什麼樣的倫理問題：（a）參與者層次；（b）社會層次；（c）科學知識層次？

▶ 個案研究：試描述以下應用性社會研究事例所引發的倫理問題：一項研究方案，規劃的目的在決定減少或（最後能）防止離婚的負面影響（譬如日常行為能力衰退，自我譴責，對子女的傷害）。整個研究將包含廣泛的心理測驗和深度訪談，對象是新近離婚者，包括曾經歷不良後果者，以及成功的避免或處理不良影響者。研究者打算將研究在科學期刊中報導，並且期望他們發現所具的意涵，可以應用在各種諮詢或訓練場合。

推薦讀物

Bermant, G., Kelman, H. C., & Warwick, D. P. (1978). *The ethics of social intervention*. Washington, DC: Hemisphere.

Katz, J. (1972). *Experimentation with human beings*. New York: Russell Sage.

National Commission for the Protection of Human Subjects of Biomedical and Behavioral Research (1975). *Appendix, Vols. I and II: The Belmont Report*. Bethesda, MD: Department of Health, Education and Welfare.

Sigma Xi, The Scientific Research Society. (1984). *Honor in science*. New Haven, CT: Author.

Smith, N. L. (Ed.). (1985). Special issue: Moral and ethical problems in evaluation. In *Evaluation and Program Planning, 8*. New York: Pergamon.

3

社會研究的標準與指導原則

　　研究倫理作為我們價值的表現以及達到這些價值的指
引，透過共有的指導方針、原則與成文及不成文的法律，
有助於確保我們的科學努力、契合我們的價值和目標。本
章中描述了具代表性的倫理理論，它們是倫理的個別道德
推理以及專業規章的基礎。本章接著比較並對照專業的倫
理規範，以及關係到人類參與者研究的政府規定。同時檢
驗在過去數年間專業倫理規章與政府規定間的相互影響。

倫理理論與道德推理

　　由於對倫理問題決定所採取的途徑因人而異，在科學
中對研究者重要的是，當有著道德的兩難困境時，要知道

他們所支持的是什麼理論，什麼理論是優先的。倫理立場的根本差異，可以在以下的條件中發現：依據行動的結果來決定該行動的好與壞之程度，以及處理在情境中相互競爭之原則的規則（Bunda, 1985）。

在思考有關倫理決定（ethical decision making）的不同途徑之前，我們必須先澄清規範倫理（normative ethics）與後設倫理（metaethics）的區別。此一區別就是哲學家對倫理範疇有所歧見根本之所在（Sahakian, 1974）。有些哲學家認為，倫理應該提供一套原則以指導人類的行為，然而其他人卻主張，倫理應該對人們表示道德信念時所提出的說法加以分析。前一途徑描述了規範倫理的支持者所採用的途徑，宣示一些標準，而人們可以藉以判斷其行為之道德性；後者則代表著後設倫理哲學家所採取的途徑，後設倫理哲學家所研究的，除了倫理與道德作為之外，還包括倫理理論的邏輯、語意學與認識論（Titus & Keeton, 1973）。

規範倫理的基本關心是，當人們試圖對特定情境的適當行動下決定和判斷時，給予指引（Frankena, 1973）。根據此一觀點，透過對倫理理論的探討，我們可以立基於理性的判準建立道德原則。如此一來，規範倫理提供了道德規範，指出人們在各種情況下，什麼該做和什麼該避。有些倫理學家主張，這些規範反映著道德真理，揭示出人們的義務、責任與正確的道德作為。根據 Frenkena（1973, p.12），在規範倫理領域，基本的問題是「我們如何可以或應當決定工作人員的作法在道德上是正確的，或者在某一情境中，在道德上他應該做的事情？」

與規範觀點對立的，後設倫理哲學家強調，企圖揭示道德真理並建立正確道德作為的原則，干涉了人們採取自己道德選擇的自由。這些哲學家不試圖去建構日常生活有關倫理系統的理論，反而著重在對道德概念的分析與邏輯。後設倫理的焦點在於：倫理與價值判斷如何（如果有的話）可以建立並言之成理，道德的本質，「道德上正確的」或「好的」這樣說法的意義，以及其他類似的關注（Frankena, 1973）。後設倫理思考的是「好的」或「正確的」意義何在，而非什麼是好的，是正確的；質疑與所做的道德判斷有關的問題（Garner & Rosen, 1967）。對後設倫理哲學家而言，倫理理論並不被認為是一組指導我們道德判斷的建議，而是「一種企圖，目的在於顯示當人們下道德判斷時，做的是什麼」（Ayer, 1963, p.246）。

　　如 Frankena（1973, p.12）所描述的，道德作為的規範理論「指引我們作為研究人員，在這個或那個案例中所應當做的」，並且也協助我們去規勸、指導並判斷其他人的行動。如此這般，當我們在評估有關社會研究的行動和目標中什麼是正確的或應當做的，就倫理的規範理論去思考，可能有所助益。雖然關於人們倫理判斷的意義與根據的後設問題並非本書所關注的，不過，我們應該謹記於心，在能夠完全滿意我們下各種研究決定所立基的規範理論之前，必須考慮這些問題（Frankena, 1973）。

　　大體言之，研究的選擇奠基於兩種倫理理論，二者都經常出現在道德問題的討論中，即**目的論**（teleological）與**道義論**的（deontological）理論（Frankena, 1973）。倫理的

目的論理論強調，行動或其所牽涉的規則會產生最可能的「善勝過惡的平衡」的話，就是道德上正確而必須的。對目的論者而言，行為的後果決定了它的價值，若能導致較佳的結果（即善勝過惡的較佳平衡)，該行動就較其他的行動更被視為具備道德上的正確性。相反的道義論的理論家則主張，道德判斷上，我們也必須納入所造成的後果之外的考慮。倫理的道義論理論認為，正確採用一個行動或一項規則，依靠的不只是所導致的善勝過惡的平衡而已。deontology 此一詞彙，來自希臘文的 deon（責任）與 logos（科學與理智），意味著某些行動之被認為是道德上正確而必須的，不是因為它們對人類福祉的影響，而是因為他們信守一項承諾，表示感激，證明對無條件的指令的忠誠等等。

一些倫理的立場就出現在目的論和道義論的取向中，而有時這些立場的分際似乎模糊不清。為單純計，以下的說明是簡短的並且不考慮個別理論的完整性，同時也不企圖完全羅列出經常出現的反對意見。

目的論

雖然目的論者同意說，行動的倫理性應當由其結果來判斷，可是對於後果的決定特點，則有不同的意見。要發現目的論者的差異，方式之一是觀察他們對何者是善或惡的後果的觀點。有些目的論者是享樂主義者，強調可以從行動所獲得的快樂或幸福；雖然有些人強調個人潛力的實

現是判斷結果爲善的基礎，有些則反而主張行爲的存留價值（survival value）（Titus & Keeton, 1973）。簡言之，目的論者抱持著某一觀點，關係到有助於最大之善者，不論是快樂、權力、知識或完美等等。

目的論者同樣在誰的福利應當藉善勝過惡的平衡而得以提昇，亦是意見分歧。例如，目的論的考量或許是個人自己的善，家庭、國家與階級的善，或整個世界的善。倫理的自我主義（ethical egoism）是一種目的論，所考量的是「行動者自身的最大福利」（即行使道德判斷者自身的最佳利益），而非受到影響的每個人。尼采、霍布斯與伊比鳩魯的哲學就是此一觀點的代表。倫理自我主義者主張，一個人的作爲或行動的規則要被認爲是正確的，「只有當它至少，最後終能與其他方式般獲得同樣大的善勝過惡的平衡，不然就是錯的」（Frankena, 1973, p.15）。

所謂的**功利主義**（utilitarianism）（或**倫理的普遍主義**，ethical universalism）的目的論立場認爲，行動或行爲規則若是正確，只有當它對每位受影響者都產生最大的福利。功利主義最清楚的說法見諸米勒（John Stuart Mill）（1957）的**效益原則**（principle of utility），即個人應該爲著提升最多數人的最大利益而作爲。功利主義者主張，思考各種道德選擇的個人，應當考慮每一件可能行動完全的淨後果。在功利主義的考量下，沒有一個個人的幸福，譬如各個決策者，可以超過其他人。每一集體中的個人在行動後果的決定上都只是一個單位。

當決定適當的行爲途徑時，藉著將所有人的福祉納入

考量，功利主義者會強調說，社會科學研究應朝向一些社會疾病的消弭，如種族主義、強暴、兒童虐待等，並且認為，運用人類受試者以達到如此的目標，有其合理之處（Atwell, 1981）（當然，功利主義者相反的可能主張，將經費重新配置，不用在研究，而用更直接方式去改善人類的情況，如提供食物給飢民，提供住處給遊民等等）。

對研究環節中功利探究途徑最主要的批評是，將倫理判斷立基於功利的成本效益分析，研究者還可能會自信滿滿說，欺騙、操弄的研究，其對社會的長期效益優先於參與者遭欺瞞的短期成本（Baumrind, 1985）。如此的反對，典型的是根據道義論的信念，人類研究的倫理應當受如下的命題所管制：個人本身即目標，不應該被視如達到他們自身利益之外的一種目標的手段（見稍後的討論）。本著這樣的觀點，研究參與者擁有某些不可分割的權利，是不能遭任何的實用理由（如科學知識的累積）所侵犯的。反之，功利主義者則回答說，科學知識的目標有時將正當性賦予手段的使用，這些手段有必要犧牲個別受試者的福利，尤其當研究的遠景是「謀最多數人最大之善」時。如此的探究途徑是如下的道德看法的現代版，即目標（如知識的增進）有時就提供手段（如欺騙或有傷害的可能）以正當理由。儘管反對以功利主義途徑解決倫理的兩難困境，但似乎是，大部分的人們，當面對道德議題時，傾向於考量他們的行動所加諸他人的影響（Steininger et al., 1984）。

在倫理的自我主義與功利主義之間還有著其他的目的論理論，是以提升某些團體（如家庭、階級、國家或種族）

的最大利益，作爲評判對與錯的依據。這第三種觀點，Broad（1930）將之與倫理自我主義同樣標示爲「限制性」目的論，以別於功利主義，後者包括了所有的人，而不論任何個人、政治或制度的界線。

道義論

目的論對行動對與錯的考慮著重在結果，有異於此，倫理的道義論主張，至少某些行動的本身就有優點，與它們是否能促使一些結果顯示最大的效果無關。道義論者不認爲後果一點也沒關係，只是某些作爲不論其後果如何，就有做對或做錯的意涵。亦即，儘管一個行動或規則，對某些人並未達到最大的善勝過惡的平衡，道義論者仍可能將之認爲是正確的。道義論者，如同目的論者，經常在何者是對、何者是錯的觀點上有所分歧；然而，他們或者不主張以結果的平衡作爲道德的準據，或者將結果平衡在倫理判斷的重要性降至最低。

道義論很大部分可以就他們賦予一般規則的角色而加以區分（Frankena, 1973）。**規則道義論**（rule-deontological theories）代表的觀點是，對或錯可以導自一般的原則或規則。對規則道義論者而言，一般的原則或規則在道德上是基本的，或至少比起那些從過去經驗所得到的經驗規則或一般的座右銘，更有束縛力（Frandena & Granrose, 1974）。此一立場建議，像「人們總是應該說實話」的一般規則，永遠站得住腳，但是經驗性規則在特定的情境中就不見得

合適。例如，社會學家或許會根據過去的經驗而決定，進行研究時對研究參與者隱瞞研究的真正目的，期望的是，稍後安排的詢問時段，會減少這個步驟所形成的傷害（諸如遭這隱瞞手段愚弄的受試者自尊的喪失，增加參與者對研究的猜疑等等）。本諸經驗規則，如為求獲得研究參與者的正確資料，在某些研究中欺瞞的手段是必須的，社會學家曾在告知同意的一般原則外，設定了一項例外。不過，從規則道義論的觀點，縱然不進行告知同意會方便些，縱然研究的目標有其價值，在如上的情境中，更適當的行動途徑仍是獲得受試者告知後的同意。

在上述事例中，社會學家或可定位為**行動道義論者**（act-deontologist）。行動道義論者最極端的情形是，主張道德判斷在每一特定的情境都應分別對待，不必訴諸一般規則，不必關注是否將窮盡善勝過惡的結果。對行動道義論者，倫理作為乃衍生自特定的判斷，例如「在此一情境，應該如此這般做去」（Frankena, 1973）。行動道義論者較不極端的情形是，認為一般原則可以從特定個案中衍生出來，並且有助於後續的決定；不過，此一立場則主張，一般原則在指導行為上不應當取代特定的判斷。以上所提的兩種行動道義論，經常被指稱為**情境倫理**（situation ethics）。

一些道義論理論的例子呈現在哲學家，如康德、W. D. Ross 與 John Rawls 的立場中，康德的道德觀點與規則道義論關聯密切，康德強調道德法則猶如絕對命令（categorical imperatives），亦即界定各種情境中適當行動的行為原則，對這些原則的遵循就是一種責任。在康德的觀點裡，絕對

命令在大致相似的案例中，都是普遍可用的。只有當人們願意讓其他人在類似的情況下也同樣作為，任何行動在道德上才有其根據。再者，權利就背負著責任感，並且這本身就足以確認，行為的理由可以超乎行動的結果之外。例如，正義或真理的原則本身就足夠作為正確行為的規則，而不必訴諸對個人自己、社會或其他特定團體的成本效益的目的論考量。

作為倫理行為的基礎或指引，康德的探究途徑建議，研究者從不應該對待他們的研究參與者只是工具，而總該視之為目的。這並不意味著不該將人類用在研究目的上，而是認為他們從不應該只是工具，理由是，他們都有研究需要之外的價值，這些價值也因而應當受到正視。

藉著建議說，行動的正確性可以超乎結果之外而決定，康德的立場在應用上遭到困境，特別當規則有所衝突而必須給予例外之際（Bunda, 1985）。道義論的另一種說法，避開了後一處境，則是 Ross（1930）所發展的。Ross 不認為行為規章就是規則，而只是各有其根據的義務或責任，例如**善行**（要求使他人的情況變得更好的責任）、**感激**（來自從他人獲得服務的責任）以及**正義**（責任的產生，是當利益非以個人的績效而分配的）。在特定情境裡，當兩個以上的責任相互衝突的時候，Ross 認為該怎麼做是不證自明的。這強調道德衝突的無可逃脫，同時也強調責任並非絕對的而只是無爭論餘地（prima facie）這樣的事實，後者意味著在特定條件下未為其他的道德原則所凌駕。換言之，無爭論餘地的責任，是一種義務或一種直接宣示，係經由

個人所面對的情境而落到個人身上。

　　根據 Ross，在抽象的意義上，信守誠諾作爲無爭論餘地的規則總是正確的，並且就是人們應當嘗試完成的責任。然而在實際的實踐中，一些其他的無爭論餘地的責任，在特定情境下具較大的分量的話，便會介入。要決定何種責任分量較重，就有賴於個人的智慧和推論了。既然沒有任何經驗原則可以用在所有的事例，要決定何種責任較強，是隨個案處理的。因此比方說，雖然信守承諾總是必須納入正確作爲的考量，有時其他與之相互衝突的考量也會超越它。

　　與康德不同的，Ross 指出，我們可以擁有一組沒有例外的規則，其方式是不將之認爲是絕對命令，而視之爲無爭論餘地責任的規則。然而，依據 Frankena（1973），Ross 以責任爲基礎的道義論，有其限制，就在於他強調無可爭論餘地的責任是不證自明的。Ross 不認爲，爲決定無爭論餘地的責任，而有必要建立起準據，並且這麼做的話，或許便無法清楚建立道德上是對或錯的決定因素（Frankena, 1973）。

　　其他常與道義論觀點關聯的非功利主義的探究途徑，是根據個人的權利而非責任來描述行爲原則。最清楚的是呈現在 John Rawls（1971）以權利爲基礎的立場，其基本的道德立場是，權利與義務在邏輯上是相通的。一個人的權利意味著其他人行動的義務，後者行動的方式有益或保障前者的權利，反之，義務也意味著權利。各種以權利爲基礎的理論，因其所指稱的權利是基本的抑或衍生的，而

有所不同。

Rawls 的立場，有時稱之爲**正義即公平論**（the justice as fairness theory），是由他對功利主義探究不滿而產生的，後者允許對正義原則的侵犯。比方說，功利主義者可能贊成一項用以治療癌症病患的研究，就算該研究需要對某些受試者不給予癌症治療。根據 Rawls，如此的例子就證明了功利主義無法面對一般認爲是公平的正義因子（Macklin & Sherwin）。雖然原則上他也同意，對少數個人權利的侵犯，可以因許多人的較大利益而有其正當的理由，亦即，倫理的考量應當顧及一般的福利，但是 Rawls 仍主張，倫理的選擇也必須關心正義。

Rawls 綜理出兩種正義原則，可以用來作爲道德上正確行動的準據:(1)一個正義體系必須擁有自由的平等(equality of liberty)，亦即，所有的人都對最廣泛的基本自由有著平等的權利，此等同於所有的人的具有相同的自由; (2)社會與經濟的不平等的安排方式，使社會中處境最不利的成員獲得最大的利益。並且與此種不平等關聯的位置對每一個人都是開放的，亦即，假如不平等存在著，所有的人都必須從中得到利益。根據 Rawls，如果人們多少都受限於眾人皆平等的情境的話，他們會採用上述的正義原則。

將這些觀點用在研究的環節，很明白的，如康德的觀點般，某些研究，不論其可能的利益，在原則上就會遭拒斥。侵犯了個人應有的自由的研究，會被視爲不對的，譬如，或許會剝奪了受試者思想自由的實驗，或導致受試者不能如自主的、獨立的生命而行動的研究。有些研究的受

益者並非受試者，如果受試者已經處於較所計畫的受益者還差的境地時，則不應被贊同。從 Rawls 的立場，涉及受危害機會不等的研究，只在有益當前弱勢者的話，才能得到正當的理由。

摘要

本質上，目的論僅只依靠行動的結果以判斷行動的對與錯。各種目的論理論的區分，要觀察它們對特定問題的回答：「什麼結果是好的結果」以及「是對什麼人的結果？」（Atwell, 1981）。作為一種目的論的探究途徑，功利主義者著重在行動對共同利益的結果。雖然道義論的探究途徑考慮研究的後果，但是卻比較著重在情境中所適切的原則，並且認為道德行為本身就是目的，而不是達到目的的工具（Bunda, 1985）。在上述的諸多途徑中，似乎，Rawls 以權利為基礎的理論，在評估應用性研究上較為優越。原因在於，他的理論採擷了其他倫理探究的成分，並且對評估「正義是關心之所在的」制度與社會安排，提供了原則（Macklin & Sherwin, 1975; Reynolds, 1979）。然而我們必須牢記，接納一項道德理論，終究是每一個人都應該做的。當試圖應用這些理論在實際事務時，人與人之間，利益的衝突與基本原則的衝突，並非意料之外的。

政府與專業的標準

目前社會研究者所贊同的倫理體系與結構，大部分來自自願團體規章、政府規定與專業標準，可以說反映了社群態度、專業經驗與技術標準。所謂的不成文專業倫理，假定人們會以公平、體量與同情的方式對待他人的權利，已經被取代，目前倫理的聯邦規定與專業規章，提供了社會研究學科內用以指引與控制的倫理標準。以下我們陳述這些控制的摘要以及簡單的歷史背景。

聯邦規定

近年來社會研究的倫理問題惹人注意，大部分是由於美國政府規定的範圍擴大，大科學社群的政策，以及新的研究支助的要求。如 Sieber（1982a）曾正確的指出，對人類研究的規定，其政治動力是來自生物醫學（biomedical research）研究中對人類參與者的不當運用和濫用。

在最初受到關注的事例之一中，1960 年代早期，兩位研究者運用聯邦經費進行研究，他們將活的癌細胞注射到 26 位慢性病患體內，這些病患是在紐約布魯克林區的猶太慢性病醫院接受治療（Frankel, 1975）。一些病人被告知一項實驗性質的東西將在他們身上執行，但沒人受知會將被注射活的癌細胞，也沒被要求為這程序填寫同意書。研究者希望病患會對這種外來細胞有所反應而相當快速將便之排

斥，就如一般正常人的反應一樣。雖然獲得了研究結果，兩位研究者稍後遭定罪為詐欺、欺騙以及不合專業行為，並且受到紐約州立大學校董會糾正以及一年的觀護（Faden & Beauchamp, 1936）。這事件還難以毀滅兩位研究者的事業；事實上，其中的一位在 1967 年當選為美國癌症研究學會的會長。不過這事件的確引起公家機構官員注意，對臨床研究中人類參與者可能或實際遭遇的危險。這也突顯了政府機構不確定的法律地位，同時成為聯邦指導規則實際發展的有意義的先例（Faden & Beauchamp, 1986; Frankel, 1975）。

類似的生物醫學實驗，不勝枚舉，它們以人受試但未告知同意（參見 Beecher, 1966; Pappworth, 1967; Veatch & Sollitto, 1973）。幾項如此的實驗，在精神醫學家 Jay Katz 的書中記載下來，書名為《以人實驗》（Experimentation with Human Being），是相當廣泛的文集與個案記錄，出版於 1972 年。從社會學、心理學、醫學與法學中擷取出來，他對二次大戰納粹集中營中以囚犯在實驗中進行人的研究，追溯其政治用意，這項實驗導致紐倫堡大審，並且最後綜理出國際的倫理規章以管制醫學實驗的作為。納粹研究包括了恐怖的實驗，以獲得健康的囚犯對各種疾病（如虐疾、流行性黃疸病與斑疹熱）、毒藥以及模擬高度（simulated high altitudes）等的反應；對不同類的實驗所引發的創傷，研究其治療效果；為了完成大學的骨骸標本收藏，將一百名以上的囚犯加以測量、處決並去除皮肉（Katz, 1972）。

應用性社會研究的倫理與價值

表 3.1　道德立場摘要表

哲學學派	行動準據	道德決定的重點
目的論		
倫理自我主義者（如尼采、霍布斯）	道德行爲者的福利	其他行動的結果
功利主義者（如 J. S. Mill）	集體的共同利益	其他行動的結果
道德論		
以責任爲基礎（如康德，Ross）	行爲的責任：如盡職、感激、正義	情境中的適切責任
以權利爲基礎（如 Rawls）	個人的權利：如尊嚴、自由	受行動影響者的適切權利

資料來源：經同意後採用自 *Evaluation and Program Planning*, Vol. 8, M. Bunda,「applied Alternative Systems of Ethics」,1985, Pergamon Journals, Ltd.

　　Katz 文集的出版正巧遇到有關 Tuskegee 梅毒研究公開發表的前夕，該研究被認爲是美國最著名的研究濫用個案，同時是在醫學史上有關人體研究最長期的非治療性實驗（Jones, 1981）。Tuskegee 研究是在 1932 年由美國公共衛生服務處所推動，對阿拉巴馬州梅根郡的 399 位半文盲黑人進行不予治療梅毒的長期效果研究。刻意不予治療以求觀察疾病的「自然」過程。另 201 位未染梅毒的黑人作爲

控制組。受試者從未被告知他們疾病的真正性質，或他們是一項非治療性研究的參與者。反而，他們接受的訊息是，正進行有關「不良血液」的治療，研究者認為這名詞是地方上對梅毒的委婉稱呼，但是當地的黑人卻將之與不相干的疾病關聯在一起。研究者以承諾提供「特別免費治療」（包括痛苦、非治療性的脊椎穿刺 Spinal taps），鼓勵人們參與該研究。

很快地，染病的受試者較控制組明顯罹患更多的醫療併發症。到了 1940 年代中期，未受治療者的死亡率是兩倍高；事實上，到了 1968 年，估計在 28-100 件的死亡是由於與梅毒有關的因素。不過，一直到 1972 年該實驗為紐約時報記者 Jean Heller 揭發之時，公共衛生服務處都未提供對該疾病的治療。

由衛生教育福利部所任命的特別小組評鑑 Tuskegee 實驗，結論是，評鑑實驗程序以及獲得受試者同意的政策，在政府機構均付諸闕如。此一評鑑，再結合漸增的其他研究爭論，明顯的影響國會，任命了全國委員會同時評審行為與生物醫學的研究（Faden & Beauchamp, 1986）。與國家研究法案（National Research Act）簽定之同時，設立「生物醫學與行為研究人類受試者保障全國委員會」（the National Committee for the Protection of Human Subjects of Biomedical and Behavioral Research），這特別有助於喚起公眾、研究者與政治人物對微妙的倫理議題的注意。該全國委員會對教育衛生福利部長提供建議，以保障行為與生物醫學研究符合聯邦的要求。

衛生與人類服務部（前身即教育衛生福利部）與其研究經費機構之一，國家衛生研究所（National Institutes of Health），在政府對運用人類受試者於實驗範疇的規約，扮演著特別重要的角色。目前衛生與人類服務部的規定，刊登於 1981.1.26 的聯邦日誌（Federal Register），要求任何因從事有關人類受試者的研究，由該部的委託、契約、合作協議或研究獎助所部分或全部經費支持的機構，應該設置機構評審委員會（institutional review board, IRB）以保證受試者的保障與福利。

　　為求贊成申請的計畫符合該部的規定，機構評審委員會必須決定是否遵循以下條件：（1）經由良好的研究程序，使受試者不致面臨不必要的危害，於是受試者可能遭到的危險，因而減至最低；（2）受試者可能受到的危害勝過所預期的利益以及所得到知識的重要性；（3）受試者的權利與福利受到適當的保護；（4）研究行動定期接受評鑑；（5）獲得告知同意並適當的保有記錄。

　　就如規定中所界定的，告知同意的基本因素包括：（1）對實驗的程序與目的的解釋；（2）對受試者任何推論上可預見的傷害與不適的說明；（3）合理可預期的任何利益的說明；（4）公開任何對受試者可能有利的替代步驟；（5）提供機會回答任何有關研究步驟的詢問；（6）提供說明，清楚告知參與是自願的，受試者在任何時候都可以退出。

　　在草擬並採用目前規定之前，先前的衛生福利部規約政策所推動的，是指向機構評審委員會對人類受試研究較強制的掌握（Seiler & Murtha, 1981）。所有涉及人類受試

的研究計畫，由受補助機構所執行或負責的，都要送機構評鑑委員會評審，該委員會執掌與程序係由各該機構所訂定。這意味著未接受聯邦補助的研究也要受機構評審委員會評審的規約，只要它們接受衛生福利部對其他有關人類研究的支助。

在草擬當前的規定時，衛生福利部參考了全國委員會、醫藥與生物醫學及行為研究倫理問題總統委員會的建議，以及大眾的意見，遠遠脫離了早期規則與建議所建立的方向。新的規定只直接適用於接受機構基金補助的研究，不再施行於未受經費補助的研究。加之，這些規定實質的減少了衛生福利部規定所涵蓋的範圍，對一般情況下不會導致受試者危險或傷害的相當種類的研究，免除其受評審的需要（例如，有關教育策略、技術與測驗等某些形式的研究；問卷調查與訪問的研究；對公開行為的觀察研究；以及對既存資料檔、文件與記錄的蒐集或研究）。該規定也明示，快速評審（由機構評審委員會中一位委員進行的精減程序，該委員無權否決研究計畫）適於某些類危險性極低的研究（例如，有關牙齒、頭髮、身體排泄物以及血液樣本的研究；用於研究目的的錄音；要求身體健康者做些溫和運動的研究；對個人或團體的行為或特徵非操弄性的無壓力的研究）。如此的聯邦政策在規定上的鬆綁，曾經被解釋為一些研究者的謹慎修訂與和解方式，他們長久以來認為政府透過衛生福利部，在規約社會研究活動上過度運用其權威，並且過去的規定（DHEW, 1974）無必要的干預了沒有危險的探究（MaCarthy, 1981）。

雖然在研究取向的機構（如大學與醫院）未受基金補助而執行的研究，不再需要機構評審，不過一般都假定研究者在執行研究時會應用專業的倫理標準（Carroll et al., 1985）。在下節將交待的專業倫理，通常是將倫理作為的責任置於個別研究者，而不訴諸外在壓力。在全國委員會提出建議之前，我們很少看到，任何類型在大學醫學系內對研究計畫的委員會評審（Curran, 1969; Welt, 1961），且在社會與行為研究領域可能幾乎都不存在（Reynolds, 1979）。聯邦規定的廣泛影響可以明顯見證於 1975 年的一項調查結果，最少在 113 座醫學院與 424 座大學、研究機構與組織，都設有機構評審委員會（Institute for Social Research, 1976）。目前，很可能在多數大學或大學學系，就算無經費支持而由教員或學生執行的研究，對其同意與監測，都要求某種形式的評審。不過，關於各學系對自己研究計畫的評審，有其法律與倫理問題，包括，評審可能偏向該學系有利的方面（Carroll et al., 1985）。再者，當大學、州政府與聯邦政府的評審程序衝突時，會產生嚴重的後果（參見，如：Tedeschi & Rosenfeld, 1981）。

摘要

　　目前的聯邦政策有效的將大量行為和社會研究免除機構評審委員的審查，並且將倫理職責轉移給專業決策者、個別研究人員和機構官員，以求為非衛生福利部計畫以及不需評審的衛生福利部計畫，帶來合理而可運作的政策。

新的聯邦規定可以視爲對研究的人類參與者賦予最低的保障；各機構可以自行增加（但非減少）保障，只要它們認爲合適（Faden & Beauchamp, 1986）。因此，除了聯邦規定，行爲與社會科學研究者，有必要在他們的專業組織逐步提供有關人類研究的標準。

社會研究中專業倫理的角色

專業倫理活動反映著，爲了公眾與其專業，一個專業願意自我規約其成員的行爲。在社會研究中，專業倫理指涉的是一些規則，在研究者彼此之間或與其他人士（包括研究受試者、案主、雇主等等）之間的關係中，界定權利與職責（Chalk，Frankel & Chafer, 1980）。單單一套的行爲倫理規則，對社會研究者而言不是隨手可得的，研究者可能在不同的科學學科裡工作，各學科發展出自己個別的標準，用以指引並控制以人類受試的研究。

就人類實驗的負責任的行爲發展出專業規章，其最初的動力來自生命醫學的研究領域。最爲人知的規約生物醫學研究的規章包括，1947 年的紐倫堡規章，1964 年的赫爾新基宣言（於 1975 年修訂），以及 1967 年在日內瓦的世界醫學會制定的實驗倫理草約。有關研究慣行的紐倫堡規章，其制定在於防止未來再發生如納粹研究者般，假「醫學科學」之名而犯下的暴行。其十條款的規章並不禁止這

方面的探究，不過試圖列出所允許的實驗限制。最重要的，該規章首度揭示了「告知同意」的概念。

在 1960 年代，以上述的早期規章為範本，社會學家與人類學家在各自的領域發展出研究倫理的規章。在數年的研究與爭辯之後，一項倫理規章在 1969 年由美國社會學會所採用，並且任命了一個專業倫理常務委員會。1969 年的規章在 1984 年加以修訂，注意到原來只強調研究議題，卻排除了社會學家其他的專業活動。1984 年規章所包括的條款考慮到有關研究、出版與評審過程、教學與學生權利以及社會學家間關係等的倫理規則。目前的美國社會學會的規章代表著專業學會最近的努力，面對了與執行科學研究有關的每一層次發生的倫理衝突。

有關人類學研究與倫理問題的定位聲明，1948 年時首度在美國人類學會提出，並且更完整的在 1967 年呈現出來。一套專業責任的規則在 1971 年 5 月為美國人類學會所採用，它是立基於早先的兩項聲明，同時目前是美國人類學會和其他兩個專業協會（美國體質人類學會與美國民族學會）的基本倫理宣言。目前的規則明定，人類學家的職責擴及被研究的個人、公眾、學科、學生、資助者以及自己的政府和所在國的政府。這些規則也承認，在人類學家的各種職責之間有所衝突，並且在「衝突的價值」之間必須有所選擇。為求協助人類學家注意如此的衝突，這些規則強調，最高的關注應該放在研究受試者的福利以及專業的清白廉正，並且當這些條件無法遵循時，研究就不應執行。

在其他社會科學學科內的相關社團與學會，都從事類

似的倫理活動。譬如，雖然更一般性的規章，詳訂研究、教學與專業行爲的倫理考量，在 1953 年已經施行（稍後會對這些規章進一步描述），心理學的首次完整的針對人類受試研究的規章，係於 1973 年由美國心理學會的一個特別委員會所制定。最近好幾項努力，目的在爲評估研究發展出倫理標準（如，評估研究學會，1982；教育評估標準聯合會，1981）。對相關社會研究學科倫理活動的簡短摘要，附有從各規章中摘錄的條文，可見諸 Chalk 等有關專業倫理研究計畫的報告，該計畫係由美國科學促進協會所執行。再者，Orlans（1973）與 Dalglish（1976）仔細討論了各社會科學專業學會內倫理關注與倫理規章的發展。

就社會研究者倫理標準的發展，從歷史的角度來看，頗饒趣味，原因在於這些標準衍生的過程，及所反映的變遷的政治與社會氣候（Reese & Fremouw, 1984）。早期的規章（如美國心理學會，1953；美國社會學會，1971）呈現著少許的指導原則，相當一般性並大部分是沒有強制力的，或許反映著那時期對社會研究明顯的關注，似乎還不必要（Sieber, 1982b）。不過，在 1960 年代末期所引發，在社會良心與對個人權利保障的強調等的提升，導致了對急迫性社會問題「適切相關」研究的推力，諸如暴力與犯罪、藥物濫用、少數族群爭議以及種族衝突。由於不少社會研究的對象有所改變，而學科內所建立的倫理指導原則也跟著轉變。對倫理規章的每一次修訂，都帶來更全面的指導原則，反映更即時的社會關注。

心理學內專業倫理的發展，就社會研究執行之指導原

則的演進，提供了有趣的個案研究。心理學倫理規章的開端可以溯源至 1938 年，當時組成了特別委員會考慮起草倫理規章的可行性。該委員會結論道，任何嘗試訂定完整規章的努力尚未成熟，不過卻建議說，應該指定一個特別委員會以考量有關不合倫理行為的控訴。1947 年，該委員會建議開始著手正式的倫理規章。

二次世界大戰加速了對應用性研究的需求，由於對專業心理學問題日益上升的強調，心理學界對倫理規章的呼籲似乎是茁長著，或至少是部分的。處在一個時期，當人們都假定基礎研究都一致的是合乎倫理、價值中立，並且最後都有益於人類的福祉，戰爭卻使得心理學家對專業倫理需要的感覺變得靈敏（Diener & Crandall, 1978）。發展倫理規章的艱困工作，於 1948 年在心理學會會員的參與下大部分完成了，會員們被要求描述他們覺得具倫理意義而必須有所決定的實際情境。立基於一千份以上的回答中所描述的倫理上重要的事例，草擬出一組臨時的標準，並且交給所有的心理學會會員審視與提供意見。正式規章，**心理學家倫理標準**（Ethical Standards of Psychologists），在 1953 年採用，經歷過多次修訂，最近的一次是在 1981 年。

到了 1960 年代末期，心理學內開始浮現科學氣候上的變遷，隨著這變遷，對倫理標準的適切與否，產生了相當的不確定感，當在研究中特別應用於人類受試者時。此一變遷氣候的特徵，諸如，以人類受試的心理學研究的規模擴大，以及隨著研究新領域滋生而引起的特殊倫理問題，似乎有助於心理學家間對他們方法的倫理，顯示更深的關

注。儘管有著早期在心理學倫理上的進展，直到就一些高度爭論的研究有所爭辯和論文發表，心理學家才認真開始努力於面對人類受試研究中的欺騙、隱私以及保密問題。

有關爭論性社會研究的最初幾個重要地標性案例，其中之一即人們所知的 Wichita 陪審團研究。始於 1954 年，由芝加哥大學法學院的一群教授所主持，該研究提出對社會研究中保密和隱私的嚴重質問（Vaughan, 1967）。雖然研究係非心理學家所執行，但其方法與主題卻極其貼近心理學家的園地，很快的就在心理學文獻中有所討論。企圖研究陪審團決定過程的適當性，研究者運用隱藏式麥克風，秘密錄下 6 件不同民事案件陪審團的商議。這些錄音作法都事先告知這些案件的辯方律師與法官，並獲得他們事先同意，不過陪審人、被告和原告都未被告知有關這研究的任何情形。事先曾同意，在這些案件結束或所有的上訴過程都結束之前，不能公開，並且，這些商議的文字稿將經過編輯以保證所有參與者的匿名身分。

當這些錄音帶之一，經配合研究的審判官播放給一個司法委員會而公開之際，Wichita 陪審團研究很快就惹起全國的喧然大波（Faden & Beauchamp, 1986）。如此的洩露導致國會的聽證，最後並促成立法，禁止對陪審團隱私（包括商議過程的錄音）的侵犯。對該研究的公眾批評，集中在用以蒐集資料的方法，強調秘密的陪審商議是美國司法體系所根本的，係受憲法第七修正案所保證。其他的則強調，以陪審人不知道被錄音的狀況而言，他們的自主和隱私的權利受到侵害。另一引發關注的可能性是，該計畫為

眾人所知的知識，可能減低往後陪審的公開與坦誠。

　　為該研究辯護，研究人員著重在研究的潛在利益，聲稱研究的成功完成，或可以增加人們對目前陪審體制的信心，或可以提供建議以促成司法決定過程的良性變遷。他們也回應說，他們的研究可以用來評估，在其他研究中的模擬陪審團趨近實際陪審團行為的程度。

　　Wichita 陪審研究受到心理學家的注意，大體是因 1966 年美國心理學家（American Pshchologist）所刊登的一篇論文。其作者，Ruebhausen 和 Brim，討論該研究，認為是行為研究中對隱私侵犯的實例，同時建議，心理學採用一套倫理標準，明白確定研究者取得告知同意的義務，以求保障受試者的隱私權。

　　心理學家對 Wichita 陪審團研究給予相當的關注，不過卻與以下的事件無法比擬。在 1960-1964 年間耶魯大學社會心理學家 Stanley Milgram 執行了一連串服從方面的行為研究，其結果發表之後產生了極大的爭論。Milgram 的實驗牽涉到精心的欺騙，引導受試者相信自己正對一位無辜者施行危險的電擊。簡單的說，Milgram 徵求自願者參與實驗，聲稱係有關懲罰對學習的影響。受試者擔任老師的角色，任務是教導一列生字給學習者（事實上是研究者的同謀）。研究程序要求受試者逐漸給予更強的電壓（最高達 450 伏特）以「處罰」學習者的錯誤。這實驗經過安排設置，學習者實際上不會遭到電擊，但是會故意犯一些事先計畫的錯誤，並且在接受「電擊」時偽裝痛苦。該研究的真正目的是觀察受試者服從實驗者權威的程度，實驗者不管受試

者的抗議與同謀者的痛苦,命令受試者遵照程序進行。在證明一般公民受惡意權威的指令從事殘忍行為的程度上,該實驗所獲得的高度服從,尚未得到確定的答案。

對該服從研究的批評,在 Milgram 研究發現的初步報告 1963 年發表時,隨即甚囂塵上(一般大眾首度在 1974 年得知該研究,當年 Milgram 出版《服從權威》「Obedience to Authority」一書)。批評者認為,沒有適當的措施用以保障參與者;整個實驗方案,一旦發現導致參與者過度壓力時,就應該中止;因為與實驗程序關聯經驗的強度,參與者在未來會疏遠心理學研究(參閱 Baumrind, 1964; Kelman, 1967)。

Milgram 對這些批評的對應是,強調已經在研究中運用適當的措施以保障參與者,所有的參與者都允許在任何時間退出實驗,並且在實驗結束時,給予徹底的質問機會,同時揭露「無辜者」未真正接受電擊。他也堅持,該實驗不應遭中止,因為沒有任何受試者顯示受到傷害的跡象;的確受試者本身後來也在追蹤問卷上認可該實驗,並顯示他們未與心理學研究疏離。

Milgram 進一步回應其批評者,並建議,對他使用欺騙手段的倫理性的看法,可以由他所獲得的結果而解決。這主張獲得 Bickman 和 Zarantonello(1978)的支持,他們給予成人受試者四種不同版本的 Milgram 的實驗設計,在其中服從的程度與欺騙的數量在所提示的說明中有所差異。受試者中,閱讀的版本指出產生了高度服從者,比起閱讀的版本指出產生低度服從者,更認為該實驗可能的傷害較

大。換言之，他們對實驗的知覺，受諸實驗結果的影響大過受特定欺騙手段（以獲得研究結果）的影響。因此，如果 Milgram 的結果最後有所不同的話，他的實驗或許將受到更少的指責。當然從像康德那樣以責任為基礎的道義論觀點，Milgram 的研究，不論其結果如何，都是不道德的。依據康德的主張，這是絕對錯誤的（categorically wrong），原因是 Milgram 欺騙了受試者（Rosnow, 1981）。

雖然以上所描述的事例並不開始於探討發生在生物醫學實驗中濫用的嚴重性，像 Wichita 陪審團研究，Milgram 的服從研究，Humphreys 的「茶室」研究，以及其他本書未提及的重要案例（如 Zimbardo 1971 的監獄研究），都在心理學逐漸增添了倫理敏感度的氣氛。當心理學正值遭受逐漸增大的痛苦之際，對其倫理的再評估當然是此其時也。嗣後，師法製定較一般性規章（倫理標準 Ethical Standards）的方法，導致了 1973 年的研究原則（Research Principles），專門處理運用人類為研究參與者的情形。

研究原則首次於 1982 年修訂，包括具有十項一般倫理規定的七種領域：（1）決定執行一項特定研究；（2）獲得受試者告知同意後的參與；（3）保證免於強迫的參與；（4）在研究關係中維持公平性；（5）保護受試者免於生理與心理傷害；（6）研究一旦完成，遵守對參與者的責任；（7）保證研究參與者的匿名與資料的保密。在研究原則與倫理標準的全文中，強調的是加諸研究者個人對倫理決定的責任。

摘要

心理學家最初的幾個倫理文件的發展，作爲鼓勵高水準的工具，其意義就如產品本身一樣（Golann, 1970）。以專業或實際面對的事例爲基礎所發展出來的規章，比較可以避免以下經常遭受的批評，即專業的倫理規章只提供一般性的指引，但是對個人遭遇的兩難困境卻少有特定的答案。心理學中每次對倫理指導原則的修訂，對當時的需求都具同樣的參與性與反應力（Reese & Fremouw, 1984）。例如，雖然性騷擾的倫理議題，在 1981 年之前的美國心理學會的指導原則中還未曾提出，但已在現行的標準中清楚界定與禁止。

專業倫理與政府規定

心理學與相關學科的倫理活動，是對以下持續的關注的反映，即研究對人類參與者和社會的影響，在追求與應用知識的同時，不應遭忽視。不過專業倫理規章卻提供有別於政府規定的功能（Lowman & Soule, 1981）。聯邦與州法律要求科學家採取某種預防措施，或禁止他們從事可能危害個人或社會的活動。政府規定是設計來保障或增進社會的和組成社會之個人的利益，同時這些規定強制執行的機制是社會裡制定完好的法律。

倫理的專業規章，雖然享有法律與規定相同的目標，以保護社會及其成員免於傷害，其存在主要是在同行所認

為適當的行為上給予專業成員指引。倫理規章是由專業成員所執行，以作為專業新鮮人社會化的工具，讓他們熟習可接受的行為，這些行為都涉及道德、專業判斷、技巧，或僅僅是好的專業態度等問題。在每一個決策的情境，專業人士都裝備其科學社群的倫理箴言，但這些標準是作為隨手可得的倫理問題的「啟發」或例證。雖然政府的規定，要求人們如命令般去遵循，倫理的決定也許會或也許不會與專業的標準相一致。對社會研究者而言，倫理標準是一組規範性規則。專業人士有其自由，可以對研究程序加以判斷，假如他們認為情境的獨特性有其道理的話，則允許在專業倫理標準有所例外（Lowman & Soule, 1981）。與此一角色一致的，雖然保證認可的要求會受到遵循，對議題的敏銳感會更犀利，但是，倫理的專業規定並不確定能完全保障研究參與者、社會以及科學的清白完整。反之，或許被認為是一些研究執行者「具備運作機制的停停走走的信號」（stop-and-go signals with mechanisms for movement）（Ladimer, 1970, p.565）。

　　有些人曾經批評，在大部分社會研究中專業倫理規範所蘊涵的成本效益探究途徑（cost-benefit approach），如此的規範一方面強調清楚構思的原則的建立，卻同時面對著另一平行的合理化系統，會寬恕或甚至鼓勵違反既定原則的作為（如 Baumrind, 1975; Bok, 1978）。這些論點最典型的如，Baumrind（1975）反對運用成本效益分析以解決倫理衝突，宣稱如此的途徑必然導致主觀的價值決定與道德的兩難困境。依據 Baumrind 的觀點，因為道德哲學體系的

功能就在避免上述的兩難困境，她於是攻擊倫理的專業規章，認爲它們在提供研究者面對特定倫理問題時的指引上，並無法明白揭示什麼是對或錯的。

回應諸如 Baumrind 的批評，我們可以提請大家注意，一套行爲的倫理原則或規則，只是社會研究中需要用來引發自我規律的整體機器中的重要部分而已。當我們思考有關困難的倫理議題所呈現的人類判斷的形形色色之時，期望浮見一套可執行的倫理規章，而且能被認爲是絕對的，幾乎是緣木求魚。專業倫理委員會典型的都被迫承認，有理性的人們在他們對倫理問題的解決上，不必同聲同氣。

摘要

我們或許可以放心的假定說，社會科學目前的指導原則至少提供了可行的架構，在這架構內尋求指引的研究者，能夠分析與他們研究需求相關的議題。不過，缺乏適當的政府或公共政策活動鼓勵適當的研究作爲，又缺乏方法偵視或調查可能的侵犯且對錯失給予制裁，專業標準對成員的影響也許微不足道（Chalk et al., 1980）。

問題討論

▶ 個案研究：試圖有助於了解並終能治療憂鬱症，提出了一項實驗。這實驗要求最初的少數幾個受試者的大腦接受電擊，以求受試者進入憂鬱症永久消失的狀態，這將被仔細研究直到受試者過世為止。假定研究著相信這實驗將有用處，（1）你會期望功利主義、以責任為基礎的理論家（康德）以及以權利為基礎的責任家，對這研究計畫會如何反應？（2）為求研究為衛生福利部以及美國心理學會所贊成，研究者必須滿足什麼條件？

▶ 假設自己扮演 John Stuart Mill、Immanuel Kant 或 John Rawls 的角色，並且寫一篇短文反映該哲學家對人類受試研究中使用欺騙手段的觀點（注意：為求能有效假扮該角色，你必須讀一兩篇這些哲學家的親筆論文。有關倫理理論的讀本，如 Frankena 和 Granrose （1974）以及 Pahel 和 Schiller（1970）所編的讀本，應該有所助益）。

推薦讀物

Beauchamp, T. L. (1982). *Philosophical ethics*. New York: McGraw-Hill.

Beecher, H. K. (1970). *Research and the individual: Human studies*. Boston: Little, Brown.

Center for the Study of Ethics in the Professions. (1981). *Compilation of statements relating to standards of professional responsibility and freedom*. Chicago: Author.

Chalk, R., Frankel, M. S., & Chafer, S. B. (1980). *AAAS Professional Ethics Project: Professional ethics activities in the scientific and engineering societies*. Washington, DC: American Association for the Advancement of Science.

Frankena, W. K. (1973). *Ethics* (2nd ed.). Englewood Cliffs, NJ: Prentice-Hall.

Rawls, J. (1971). *A theory of justice*. Cambridge, MA: Harvard University Press.

Sieber, J. E. (1980). Being ethical: Professional and personal decisions in program evaluation. In R. Perloff & E. Perloff (Eds.), Values, ethics, and standards [Special issue]. *New Directions for Program Evaluation, 7*, 51-63.

Zimbardo, P. G. (1974). On the ethics of intervention in human psychological research: With special reference to the Stanford prison experiment. *Cognition, 2*, 243-256.

4

方法論議題與兩難困境

本章對應用性社會研究之實際（科學的）與倫理的需求間的衝突，提供批判性的分析，並且評量既存的機制對研究方法的影響。在社會與行為科學家之間有其最近關注之處（如 Adair, Dushenko & Lindsay, 1985），即遵循設計以保障人類受試者權利的倫理程序，會導致某些方法論的問題，並且事實上對實驗的結果可能造成實質的影響。這些問題可能因應用性社會研究的性質而更加劇，同時我們須特別注意，以避免在如此的環節中可能滋生的非預期研究效果。

整體看來，用於應用性社會研究的一般倫理要求，本質上與指引基礎研究者，並無二致。不論所提出的探究最後的目標為何，倫理機制要求我們對可能危及倫理關心的科學活動的各個方面，都要保持敏銳感，這些方面包括研究問題和設計的規劃，研究的執行與對參與者的對待方式，

對研究所在制度脈絡的考慮，以及研究發現的解釋與應用
（Sieber & Stanley, 1988）。然而，應用性社會研究不論在
控制的情境或自然狀況，都有別於其他的研究，原因在於，
它們大都面對個人參與者在心理、行為和社會功能運作上
的重要方面，並且經常涉及對社會裡運行中的社會、經濟
或組織單位施以某種干預（假定對特定的集體會提供有利
的效果）。社會介入（social interventions）最好定義為，
「專業人士刻意的企圖，目的在改變個人或團體的特徵，
並影響個人與／或團體間的關係模式」（Kelman & Walwick,
1978, p.4）。此一領域的研究大都試圖進行計畫性變遷，導
向如組織發展或社區行動方案等的努力。介入性研究的其
他領域，還包括了對低階級社區的改善措施，如第 1 章中
所描述的。人們自參與研究而獲得利益，這麼一來，所遭
遇倫理問題，我們可以視為是落入治療性創新技術的一般
倫理考量之內（Moore, 1970）。

　　保障受試者的權利，如告知同意，免於強迫參與研究，
對不當運用欺騙與隱瞞手段的限制等，這些倫理要求可能
都導致社會研究者在方法上的重要考量。相反的，方法上
的要求，如隨機選樣，在更控制的研究中指派參與者到特
定實驗情境，都會引起額外的倫理議題，就如以下的一些
議題：使用自願的受試團體，在介入性研究中包含不予治
療或處遇控制的適切性，以及早期就辨識出研究參與者所
可能導致的負面效果。

告知同意與社會研究

　　許多人都認為，告知同意是管理研究者與研究參與者之間關係的核心規範。就此觀點，當此一規範遭侵犯或迴避時，如第 3 章所提出的生物醫學、陪審團和服從等研究，倫理問題大致都將發生。或許對告知同意最中肯的批評是，在許多案例中，告知同意是研究者很容易就清理的障礙。比方，最近心理學的調查研究就顯示，聲明取得告知同意或明白給予受試者自由退出的研究，其比率幾乎是微不足道，並且欺騙的頻率和強度並未因倫理規定而減少（Adair et al., 1985; Baumrind, 1985）。在既存倫理規章與指導原則中對告知同意的要求，允許研究者違反與其受試者所達成的明定的契約同意，無怪乎我們可以預期人們對研究者的正直喪失信心。譬如，美國心理學會的研究原則中對告知同意所定的條件是，「為研究方法論上的需要，或許使用隱瞞或欺騙的措施，在所難免」，並且無法完全取得告知同意「需要另增的防衛措施」（APA, 1982, p.6）。

　　原來是為生物醫學研究而發展的，告知同意程序似乎在社會研究中較不是立即適用的，原因是我們很難確認所帶來的危害程度（大部分都不如生物醫學研究那麼劇烈），以及受試者的確受到告知的程度（Adair et al., 1985）。由於在決定同意的脈絡中受到研究者與受試者之間權力差異的影響，自願參與研究的受試者相信研究人員會尊重他們的福利（Baumrind, 1985; Epstein, Suedfeld & Silverstein, 1973;

Holder, 1982）。一般而言，人們想要信任科學專家，並且很自然的會受專家的說服力和信念所影響。因此，縱然同意會帶有自由的觀念，一個人被告知實驗的狀況並同意參與，但他也許是在微妙的壓力下選擇參與。此一問題在大學的環境中尤其明顯，參與實驗部分在滿足課程需要的方式。

　　雖然告知同意的重要性無可置疑，不過卻有著科學上的顧慮，更優先於對可能的參與者公開並誠實告知的實際、道德的理由，並且對真正告知同意的性質與可能性，仍有著相當廣泛的爭論。一般都了解，不論從心理學、哲學或道德的觀點，告知同意的概念不論在實行上在法律上，都不是單一的、清楚界定的整體，而是模糊且複雜的（Jaffe, 1969; Katz, 1972; Levine, 1975a）。其複雜性的產生，部分是來自無謂的努力，即試圖以同樣有效適用於每一研究情境的方式來界定之。例如，我們曾經提醒說，作為同意基礎的原則是，受試者必須具有對於研究者和研究的足夠了解，以形成合理信任的基礎（Jaffe, 1969）。不過告知同意的操作性定義仍然屬判斷的運作，理由在於，每一位研究者要自己下決定，在什麼樣的情況中，什麼才構成充分告知下的同意。

充分資訊的議題

　　大多數倫理研究的規章，對研究內容的揭示都訂定了特定的準據，以保證受試者被充分告知。這些準據一般包

括：（1）對受試者說明，參與是自願的；（2）根據研究的基本方法，方法的目的，可能的危害與預期的利益以及其他的程序等，對受試者所能期望知道的事物加以描述；（3）告知受試者，會提供受試者提出質疑的機會以及隨時退出的自由。其他可以揭示的因素，包括對受試者如何與為何中選的解釋，有關研究最主要負責者、研究的支持者以及資料與結論可能的使用方式等的訊息。

　　不幸的，對研究者去判斷在特定的情境中應當傳遞多少和何種的資訊給受試者，簡單列舉的項目並無法提供足夠的指引。就從字面來看，「完全的告知同意」在大多數的研究情境，都是無力可及的。這樣的要求，除了讓研究者向每一位參與者解釋講不完的技術細節外，研究者經常也不知道和研究關聯的所有答案。對大多數的社會研究，將所有列出的項目揭示出來以求同意，是不必要的。Levin（1975a, p.72）舉出可以包含在完全告知同意內的一長串的資訊類別，不過給了但書：

　　　　在多數的清況中這些因素或設計，大都是不適當或不必要的。為告知同意所進行的每一協商，必須因應特別設定行動的要求而有所調整，並且更特別的，要足夠靈活以配合每一位可能受試者的需要。

　　類似的，美國心理學會（1982, p.36）建議，任何研究計畫的範疇需要的是，告知同意所應涵蓋的，只要達研究者可以合理確認可能影響人們參與該研究意願的範圍即

可：

> 對可能的參與者考慮到的或許是重要的所有事項都
> 提供完全的資訊，對研究參與者和研究者同樣都是不切
> 實際且不能接受的。不過，常常所期盼的是，研究者藉
> 著求教於夠資格的人士，或藉著充分回應可能參與者所
> 提出的質疑，重複檢視自己在這方面所下的判斷。

在社會介入性研究方案，告知同意變得尤其重要，主
要在於人們可能強烈並（或）立即受到如此研究的影響，
比純粹的理論性探究更典型的會落入這樣的情況。當受試
者或許會因實驗而永久改變，自願參與的重要性就增大了。
對知會可能的受試者權利與義務，可能經歷的程序，以及
隨時退出的自由等，我們應該給予特別的關注。當研究少
數族群成員、兒童與非英語團體時，會因爲他們的差別地
位而引發一些困境，如對適切判斷研究的目的、危險和其
他方面等，較難以溝通與了解。這些限制進一步危及告知
同意過程的適切性，並且增加微妙的（或許無心的）對社
會研究中相對無力的人們施加壓力的危險。

評估告知同意的適切性

告知同意的過程，顯然是因應參與者受到危害的可能
性和程度而有所調整（Jaffe, 1969）。當然，當受到危害的
可能性以及參與者和社會所付出的可能成本越明顯時，或

者當受試者放棄權利時，取得同意的程序必須更加徹底。Ladimer（1970, p.585）建議，提供給受試者的資訊，必須「配合人們在知識、情緒狀況以及決策能力上的個別差異」，這建議揭示了另一值得考慮之處。當研究或相關技術資訊的某一方面極其複雜，受試者很難立即了解並評估時，對如何達成同意所給予的關注，就在研究者身上添加一項責任，即保證個人層次的適當了解。假如可能的受試者無法掌握整個情境，同意也只是幻像而已（Edsall, 1969）。因此，研究者必須針對每一受試者的心智能力，配合適當的訊息說明，並隨而確認了解的程度。

要求人們以文字再陳述他們所同意事務的同意書，就確認他們對研究其他方面的理解（包括成本、效益以及自由退出的權利等）而言，應當有其用處。對提供大量複雜資訊給受試者的研究，Miller 和 Willner 曾經發展一種「兩部分同意書」。這兩部分同意書包括標準的同意書，之後，還對已經提供的資訊的基本成分，施行簡短的測驗。

Brown（1975）曾提議，告知同意在保障參與者的權利上的可靠性有所差異，有賴於兩項必須同時考慮的因素：（1）受試者用以理性思考所需的資訊，其擁有的程度如何（其範圍從完全能夠理性思考以至受到損害的思考能力）；以及（2）受試者落入危險以及隱私受到威脅的程度（其範圍從無危險和完全保有隱私到實質危險和受到威脅或損害的隱私）。在此架構之內，一項實驗所冒的危險越大，受試者能簽訂告知同意的自由越少（例如，由於理性決定有其障礙，以及無法溝通和理解），對同意過程的各項關注，

達成的可能性越低。如此問題糾結的案例，可以透過改變實驗設計（以減低冒險的可能）以及教育或仔細的說明資訊（增加理性思考）而得到改善。在不可能遭到危害或隱私侵犯的情形時，並不需要告知同意，像在對公共行為的簡單觀察中，並不會導致辨認出受觀察者而傷害到他們（例如有關群眾行為的研究）。

Brown 提供的另一項建議是，當研究會導致受試者受到傷害性威脅時，應當仰賴反向選擇（inverse selection）的原則。簡言之，反向選擇的原則建議，依據真正同意的能力，人們各有不同，研究者應該從眾人中選取最具能力同意者，以之為受試樣本。同意的能力之受到限制，肇因於缺乏下決定的習慣，教育程度低，資訊的說明不正確或難以了解，難以明白澄清終生的目標，難以在現在和未來的消費上適當配置（Brown, 1975）。反向選擇作為合乎倫理的選擇受試者的標準，可能與社會效益標準恰好相反，後者主張，首先選擇來面對危險和犧牲的對象，應當是在社會中最方便取得，同時又是最可以犧牲者。

反向選擇的一項缺陷是，受試樣本可能不具代表性；於是，完全從使用這些樣本所得到的概推將有所偏誤。在過去，告知同意的指導原則遭受質疑，根本的理由就在於，一旦執行如此的指導原則，參與者不再代表人口母體，反而成為自我選擇的團體（Zeisel, 1970）。如果在有能力同意者和無能力同意者之間的差別特徵，危及完全只從最有能力同意的樣本所得結論的穩定性（robustness）的話，反向選擇會增強對樣本代表性的威脅。雖然反向選擇的效益

在實行上有些限制，Brown 喜好該原則，視之為一種啟發性的設計，促使研究人員特別注意最有能力了解告知同意者，確有其貢獻。

告知同意對研究慣行的影響

當說明與研究相關的一些事項有可能導致研究結果不實或誤導之時，告知同意便產生特殊的問題。就如在第 2 章所描述，當方法上的需求是參與者始終不知道有關他們參與該研究的資訊或所探究的假設時，便滋生告知同意的兩難困境。該困境來自於如下的可能性：如果完全知會參與者研究的目的與過程，就無法獲得確實的數據（美國心理學會，1982）。

有些人會認為，嚴格遵守法律條文而要求研究人員首先就獲取受試者自願的告知同意，可能干擾甚至是最佳的實驗設計，並且將摧毀執行亟需的社會研究的可能性。最近，刻意將告知同意的指導原則作為操作變項的研究，證明說，這樣的疑慮多少並非無的放矢的。

告知同意對實驗室研究的影響。研究者曾經發現，告知受試者有關研究的目的與程序會改變受試者提供的資料，當受試者對控制情境下的操作變項反應時，減低了自發性與純真度。Gardner（1978）執行一項實驗，測試聯邦告知同意的規定對環境噪音研究結果的影響，比較給予告知同意的受試者與未受告知者。研究發現顯示，只有在取得告知同意的受試者，無法反應出所預期的負面表現的事

後效果。Gardner 部分結論說，同意書指出受試者不受懲罰可以自由退出，或許就導致受告知的受試者對噪音有意的控制。

其他研究（如 Dill, Gilden, Hill & Hanselka, 1982; Resnick & Schwartz, 1973; Robinson & Greenberg, 1980）也曾同樣說明，告知同意就算未對受試者揭示與假設相關的資訊，單單是包含退出的明確承諾，就可能嚴重影響實驗室的實驗。

告知同意對社會調查研究的影響。既然大多數的應用性社會研究是在自然情境中執行的，告知同意的衝擊或許不如實際情況那麼嚴重。有關告知同意在非實驗室情境的影響，主要側重於社會調查研究中的回收率與品質。不像實驗室情境，在調查的情境中，研究者與可能的回應者之間的權力差距，正好相反，受訪者處於優勢地位，有權不接受訪問（Sieber, 1982a）。因此，關鍵問題在於隱私與保密而非告知同意。

在一項研究中，Singer（1978）在事關一般敏感課題的面對面的調查訪問中，考量了構成告知同意的要素對整體回收率和特定問題回答率的影響。她的發現顯示，提前就調查的內容提供更詳細、更有益與更真實的資訊（即公開敏感的問題內容），對整體回收率，對特定調查問題回答的品質均無影響。但若要求在文件上簽字同意，則簽名的要求和時機，都同時影響整體回收率和回答的品質。高的回收率，得自於不要求參與者簽字，而不是要求受試者在訪問之前或之後簽名者。要求受試者在訪問之前便簽下同

意書，顯然有著敏感的效果，如此情況下的受試者，較事後才簽同意書者，更不可能報導社會所不期望的行為。

在一項追蹤研究裡，Singer 和 Frankel（1982）就電話訪問而非面訪，對內容與目的給予不同的資訊。雖然操作的同意變項，都未顯著影響整體回收率、對個別項目的回答或回答的品質；不過，都是當可能的受訪者獲知最詳細的訪問內容與目的時，得到最高的回收率和最小的拒答率。Loo（1982）同樣報導了受訪者的高度合作，他們都有機會將嚴重的困擾渲洩給受尊重且富同情心的研究者。

整體說來，這些研究都建議，告知同意對社會調查研究的不良影響是微乎其微的。除了要求簽名的文字同意（只要是回應者有權對該訪問或特定問題不予回應，是毫不必要的程序）之外，告知同意的各因素似乎對社會調查的回收率或回答的品質沒什麼影響。不過，在進一步探討於不同的同意情境中作用的變項之前，我們必須對此一結論有所保留。例如，有證據顯示，受試者在同意的程序中並未注意他們所被告知的東西，因此人們質疑在上述的研究中是否達到了真正的告知同意（Singer, 1978）。其他研究則指出，告知同意可能在調查中減低參與或對特定項目的回答（Lueptow, Mueller, Hammes & Master, 1977）。最後，我們必須注意，調查的目的與內容或許與各種的反應變項有所互動。對接受福利者，大型公司的雇員等，告知同意可能導致減低受試者的參與及對問項的回答率（前者對收入的問項的回答，後者對飲酒習慣的回答）（Singer, 1978）。

告知同意兩難困境的解決。要解決告知同意與研究效

度間的兩難，我們必須注意區分兩種情形，一是告知將使研究無效的個案，另一是告知不致影響到研究結果和後續因果推論的個案。在大多數的情境中，如果受試者被告訴研究人員所預想到的可能遭遇的各種危險，則在告知同意的步驟裡省卻研究目的，並不構成倫理問題。在其他情境中，告知同意是否必須則不甚明確。對這些個案，研究者可能在實際研究之前便有所判斷，到底在研究的各方面都讓可能的受試者知道後，他們是否還願意參加。

為評估執行研究之前告知同意的需要，有幾個策略。最平常的策略是，實際並不從受試者得到如此的訊息，而是由研究者直接評估，一旦告知之後，可能的受試者是否會同意參加（Berscheid et al., 1973）。Baumrind（1971）曾建議，在不予告知同意而從事一項實驗，會對實驗的程序表示不滿的，100個受試者中應該是不超過 5 人。另一就告知同意的必要與否取得訊息的方式是，進行角色扮演的抽樣步驟，即所謂的「預期同意」（Berscheid et al., 1973）。預期同意（anticipated consent），其程序是，從受試人口中抽取一些人，要求他們就預定的實驗步驟進行角色扮演，並且估計這些人是實際參與者的話，會有什麼樣的感覺。

只要研究者認為必須故意給予受試者誤導與錯誤的資訊，便經常企圖依靠所謂的「誤導的同意」（misinformed consent）以保障他們研究的效度（Diener & Crandall, 1978）。到底如此蓄意的欺騙在避免效度的問題上有多成功，則尚無定論（Adair et al., 1985; Diener & Crandall, 1978）。蓄意欺騙通常與刪除相關的資訊頗為不同，並且社會研究中欺

騙的作為曾引起有關倫理和方法問題相當的爭辯（例如 Baumrind, 1964, 1985; Bok, 1978; Kelman, 1967）。倫理規章已經對研究中欺騙的運用加以限制，但是為顧及研究在方法上的需求，並不完全排除其使用的必要。譬如，1982年美國心理學會規章便明列，在執行研究之前研究者有著：

> 特殊的責任：（1）就研究所預定的科學、教育、或應用的價值，決定如此的技巧是否有其合理的依據；（2）決定到底不使用隱瞞與欺騙的手段，還有其他的可資替代的步驟與否；（3）保證參與者盡早可能得到足夠的解釋（美國心理學會，1982，p.6）。

根本上，在社會研究中運用欺騙，其解決之道在於要求研究者衡量每一個研究的成本與利益，探索其他的研究策略，並且在使用欺騙的研究中採用接受質疑的步驟。成本效益分析中所潛在的困境，將於稍後數章中討論。接受質疑的過程，已經漸漸成為實驗室研究過程的標準部分，會要求欺騙其受試者的研究人員向受試者說明實驗的真正目的，為欺騙手段道歉，並且可能的話，提供研究結果為回饋。如此這般，接受質疑可能提供給受試者一種觀感，他們是好欺負的、無知的，如此接著或許會降低他們的自尊，並且破壞他們對科學工作的信任（Kelman, 1972）。這些受試者，因為他有著被「設計」的感覺，在將來的研究中比較不配合。加之，研究曾例證說，例行的提供質疑的程序，在經常被選用為受試者的人們間，可能產生廣泛的

猜疑（Brock & Becker, 1966; Stricker, Messick & Jackson, 1967）。

摘要

很少研究者覺得我們可以在毫不涉及欺騙的狀況下進行研究，理由是，採用太過保守的探究方式，可能導致重要的研究努力完全徒然。比方說，一項正確標示為種族偏見的研究，當然會影響受試者的行為。欺騙性研究在欺騙的性質和程度方面極其不同，甚至最嚴厲的批評者也很難一清二楚的就明白說，所有的欺騙都具有可能的傷害性影響，或者同樣都是錯誤的。

下決定要欺騙研究的受試者，最後則很大成分有賴於，研究者在有關告知同意與成本效益的複雜議題上有所衡量而下決斷。欺騙手段對受試者自主性的影響，總是需要受到考慮的，這考慮是根據，這些手段對受試者完全了解他所同意的事項的能力所傷害的程度（Faden & Beauchamp, 1986）。不過，對某些道德哲學家而言，欺騙永遠是錯誤的行為（例如，在 Ross 的觀點中，這毫無爭辯餘地，就是錯的），並且因而總是需要說出道理。將欺騙方法提出理由交研究人員自行判斷，其潛藏的問題是，這顯然就允許過度的合理化，配合決策者的自我利益。我們只需提請大家注意在 Tuskegee 研究中明顯的欺騙手腕，受試者在錯誤告知將接受「特別的免費治療」而同意接受痛苦的脊髓穿刺，就可以知道讓研究者自由決定欺騙的必要與否的潛在

危險。

　　當研究者在他們的訓練中，就學習到透過欺騙的作法解決方法上的問題，他們便總是可能在日後將欺騙的運用視為當然（Kelman, 1967; Murray, 1980）。因懶惰或習慣而運用欺騙，而非因方法上的必要，絕不可能在道德上站得住腳。較更可接受的方案是，視欺騙只是最後不得已的選擇。因此，很根本的，研究者持續找尋、發展並使用，在欺騙以外會為受試者歡迎的方法。

選擇與指定研究參與者的道德議題

　　目前所執行的許多社會介入性研究（如在預防性研究領域者），都涉及將實驗組或控制組的參與者隨機指派到治療（處遇）與無治療（無處遇）（或其他對照）的情況中。當在這些實驗中選擇並指定研究參與者時，研究人員或許會面對一些倫理問題，關係到使用自願受試者以及運用未給予治療或處遇的控制團體。當在不同的實際的理由下，參與者的隨機選擇與隨機指派在方法上的要求，若都無法滿足，這些倫理問題便產生了。簡言之，隨機選擇意味著，人口中所有納入研究的每個人，都有被選入參與該研究的同樣機會。隨機指定指涉的是，每位受試者都有同等的機會被指定到研究的任何治療或處遇情況中。

自願問題

強迫社會中最弱勢的團體中的人們加入研究者認為有益於這些人的方案，對這樣強迫所導致的危險，自願性社會研究方案是一種建議的解決方式，但卻引發了另一組的倫理議題。在這些議題中最嚴重的是，研究者在招募受試者時提出無法達成的承諾。譬如，在預防性介入研究的範疇內，實際上能證明介入技巧具備預防效果的研究，並非到處可見。因此研究者對預防心理健康問題的特定技術效力的信心，或許是提倡近乎「錯誤宣傳」（false advertising）的作法。在自願者間可能創造了錯誤的希望，於是在毫無正當理由之下，提高他們對參與後可能利益的期望。

避免產生錯誤希望的一項方法是，研究者透過溝通，讓可能的受試者相信，該研究有著產生正面效果的合理機會，而不具任何傷害效果的可能性，同時要注意不過度推銷可能的利益。比方，測試對憂鬱症介入的效用時，Muñoz（1983）告訴可能的參與者，對阻礙日常功能運作的憂鬱症，該方法有其效用，不過該技巧首先必須由參與者學習，並且不一定對所有情況中全部的人都有效。以如此的方式，Muñoz 傳遞的訊息是，加入這研究有益於個人，但就算是成功的學習預防技巧之後，也不保證可以成功的用於預防憂鬱症。

決定將社會研究計畫完全限定在自願者，面對另一爭議，即在不必過度顯現歧視的情形下，這計畫可能很微妙的排除某些社會或民族團體的參與。例如，Muñoz（1983）

曾強調，在我們善意的不想強迫人們參與研究的設想下，我們或許就對最需要者排除了有價值的資源。由於徵募的技巧不能達到人口的某些部分，或者以不同的媒體傳達，此一過程就可能發生。Muñoz 報導，以他的經驗，報紙就代表著徵募英語人口較非西班牙語人口更有效的方式，不過經由收音機、電視及口語傳遞，則對吸引後者更有效。經由媒體徵募的努力，一般說來對黑人都較缺乏效用。同樣的某些少數民族團體似乎較其他團體更心有猜忌，並且因而對立即危害的警告或其他的急難訊息，反應力都較低。

　　從前的經驗曾顯示，自願者，包括調查的受訪者，相對於非自願者，易於是較高教育者，社會地位較高者，智力較高者，較需要社會贊許者以及社交意願更高者（Rosenthal & Rosnow, 1975）。由於這些或其他的個人差異，都與研究的人口變項差異多少有所關聯，對於母數的估計可能有所偏差。如此一來，完全用自願受試者所獲得的資料，在推論上就受到威脅了。譬如，在預防性研究，如果自願受試的樣本易於包含智力高於平均者，他們比起其他有著類似症狀但未自願參與者，可能更能夠學習預防人際困境和憂鬱症的技巧。如此可能導致研究者高估了預防方案的效力。當然，如果該方案最終是在廣泛的基礎之下執行而採自願原則，以上的顧慮並不構成顯著的問題。

選擇問題

　　當研究參與者的數目必須受限於經費或其他的顧慮

時，要決定誰能參加某些研究計畫，以及他們會置身於社會介入措施到什麼程度，隨機選擇（randomization）似乎是最公平的方式（Wortman & Rabinovitz, 1979）。當申請者多過所能提供的位置時，研究者與自願參與者都會認為，抽籤的隨機選擇是決定誰能參加研究方案的最公平途徑，並且如此的方式似乎代表著，在倫理與方法的研究需要之間的合理妥協（Conner, 1982）。

　　試圖運用嚴謹的實驗方法，譬如在根本上是無法改變的社會現實的領域中，將受試者以隨機方式選擇或指派到團體之中，有著一項不幸的缺點，即研究者可能陷入矛盾的情境。立基於關切實驗倫理的理由，對社會研究中隨機實驗的批評是，科學家陷入進退維谷前後失據（Catch-22）的情況。雖然有些批評者強調，未受治療的控制團體，是不公平的被排除了接受可能有效方案的利益，其他人卻強調，受治療的實驗團體被不公平的帶入有問題的、可能有害的治療中。此一兩難困境是，不論所介入的治療是有益或有害的，社會研究都會被認為是不公平的（Kidder & Judd, 1986）。同樣的，Muñoz（1983）曾警告我們，一種有意的介入，若其措施對幾乎所有的參與者都有重大影響的話，就冒了可能操縱或強迫的危險，原因是，造成改變的原因可能要歸諸所使用方法的權力，而不是那些被改變者的意志。雖然無效用的技巧簡單就會被視為失敗，但只對少數人有影響的方法，或許從受試者個人自由的觀點，反而是更合適的。

未予治療或處遇的控制團體

當實驗性治療設計應用到社會研究時，就必須在新的介入治療的效果未知或可能有害的情況下，便對有關未加治療團體或比較團體的使用做出倫理的決定。大部分這些決定最終都要依靠：介入的治療相對於既存的其他方法的價值（都是透過過去的研究而下決定的，並且是在研究進行之前便做預測），以及受治療的參與者的立即需要。

將受試者指派到未予治療或處遇團體，產生一項倫理問題，基本上類似藥物學研究中對施用安慰劑團體與未施用藥物的控制團體的情形。社會介入研究者似乎都同意，將人們指派到無治療控制團體是有其道理的，只要該利益是在研究結果分析之後才發現，就算受試者未被指派到他們原本可能得到利益的實驗團體，也是如此（Campbell & Cecil, 1982; Schuler, 1982）。然而，當在研究之前，未予治療團體的損失便可預見的話，被納入此團體就有些難以辯解了。當受影響者認為無法獲得利益是一項損失的話，此一爭議就可能更形複雜。如果未予治療團體對他們的相對剝奪覺得失望，我們也會預期因為隨機指派所引發的方法上的問題。一旦發生如此的問題，在控制團體中的受試者也許會退出，因而導致不同的流失率。

我們建議，對控制團體被剝奪可能利益此一倫理上的明顯缺陷，社會介入研究者不必太過注意。這樣的剝奪典型的只是「焦點剝奪」（focal deprivation），只因實驗團體的存在才彰顯出來。除了知覺上的，如果實驗取消了，

控制團體的參與者並不更受到剝奪，並且沒有什麼人得到有利的介入治療。除非有著「被剝奪的」控制團體，許多如此的實驗在決定介入手段的效用上，便毫無價值。並且若沒人經安排到控制團體的話，這樣的實驗也因而應該取消。整體而言，雖然應該因個案而有不同的決定，不過從可能的介入方法中取得資訊的倫理價值，應該超過所預見的剝奪（不論是自己或他人所預見的）。

無治療控制可以進一步得到支持，其理由在於，我們相信，因為資源缺乏，介入治療不可能合理的提供給每一個人（如 Gueron, 1985）。Diener 和 Crandall（1978）曾以此觀點來辯護啟智方案（Head Start programs），該方案從窮困的學前兒童中隨機指派控制團體受試者。根據他們的觀點，雖然被安排到不利的情境，控制團體的受試者如同成千上萬的全國各地的窮困兒童般，研究者不可能一一給予幫助。當然，無治療控制者經常有異於實驗外的未受治療者，原因是，前者有時並未被告知自己是控制的受試者，被引導而預期對自己會有幫助。

在已知具有良性介入效果的研究中，有著無治療控制團體的運用可以令人接受的其他個案，譬如，只要受試者不會在研究當時便因未接受必要的治療而受到實質的損失，一旦研究完成受試者就可以獲得成功的介入治療（見 Boruch & Wothke, 1985）。許多研究者，尤其是那些從事協助的專業者，無疑的都會感受到有責任在研究完成之際，對曾幫助實驗的未予治療或處遇的控制者給予協助。

標籤：受試身分早期曝光的負面效果

在第 2 章中曾簡短說明在預防性介入研究中，給予受試者標記的問題。再者，標籤效應根本上是一種自我實現的預言，是由於早期就辨識出身具罹病或可能受害因子者而產生的。標籤效應的可能性，能夠藉著適當的替代研究策略而減輕。譬如，在某些兒童被辨識出為罹病或可能受害的研究受試者的班級裡，為避免標籤效應，Jason 和 Bogat（1983）建議，整個班級的青少年都接受介入方法，該計畫中沒有任何特定目標可以辨識出來。在介入方案總結之時，研究者可以確認到底最初在基本技能上落後者，是否有了進步。因此介入的成功，可以因不曾導致可能的危害性標籤效應而決定。然而，與這建議有所關聯的困難議題是，要求父母同意其子女參加全班的介入方案，這要求該到什麼程度。父母同意的程度視以下的情況而有所不同，研究的目的被說成本質上是教育的（設計以增加有益的學習技能）或者是心理的（設計以預防臨床的症狀）（Muñoz, 1983）。

標籤問題的其他解決方式

在研究設計中就提供治療方法給全校各班的兒童，就如 Jason 和 Bogat 所建議，或者提供給無論如何都可公開辨認的團體，如以預防失業者樣本的心理問題而設計的介入方案，無疑的，標籤效應的可能都大為減低。如此的探究

方式可以有著如下的例證，即區域「廣播」的設計，包含了一些心理衛生的預防介入方案，其治療是傳送到各區域或機構，而不是到特定的可能罹病者。以這樣的介入方案，心理衛生服務機構及其在公立學校的延伸，可以大量增加預防性的早期診斷與治療的途徑。有人曾經嘗試為預防性介入而設計的廣播或電視節目，包括 Jerome Johnston 和其協同研究人員所進行中的研究，在教室使用教育電視（Granville, Johnston & Nolan, 1983; Johnston, Blumenfeld & Isler, 1983; Watkins, Perloff, Wortman & Johnston; 1983）。不幸的，為能確定介入方案對目標人口一般成員的影響，在未加治療的比較人口中，通常都必須標定用來比較的部分樣本，並將他們納入研究設計中，因而限制了減低可能的標籤效應上的實用性。我們不妨設想一個假設性個案，在實驗學校進行早期積極介入的預防性心理衛生方案，在學校裡老師會知道未治療的可能罹病的學童，而該學童的姓名一直都可用於後續的追蹤研究，於是在該控制組學校，標籤效應會是可能的成本。

另外一類可推薦的不同的設計，排除了將未予治療的合乎條件者指派到比較團體的需要，並且事實上讓研究者可以完全捨棄比較團體，因而大大限制了標籤的可能，這方法是為迴歸中斷設計（regression-discontinuity design）（Campbell & Kimmel, 1985）【編者按：迴歸中斷設計是一種準實驗方法，係以某種標準將目標人口分成在此標準以下或以上的兩類，並就被歸為以上或以下的一類給予特別的處遇或治療方法。如在學校裡，將數學成績在上一學

期平均不及格的學生給予特別的輔導。這些學生便是實驗組，而及格的學生便自然成為比較組，如此就不必特別選取比較組。在一學期之後，我將這一學期的數學分數（在圖的縱軸）與上一學期的數學分數（在圖的橫軸）做成分數分佈圖的話。若此一措施沒有作用，那麼所形成的迴歸線便是一條持續上升的斜線（如圖中虛線與實線的銜接，而有作用的話，實驗組在成績上都比未給予特別輔導的學生有著較大的進步，但可能平均而言，前者的成績平均而言，還是可能較低。結果在迴歸曲線上則會顯示如圖中兩條實線所形成的情形，實驗組的迴歸線與其他學生的迴歸線有所中斷）】。這設計的使用，與其他的預防性介入設計一致，需要對治療給予嚴格的指派，但是有著一項優點，即得到治療者是那些以計分判斷是最需要的對象。譬如，班級老師經要求而舉出最需要早期預防性介入的學童。報告的表格包括多重評分，以及將不同調查時期和不同老師對同一兒童的評分（如果合適的話）總合起來。如此將產生一個整體的合格性分數。在人員與設備的考慮下，治療只施行於以此分數判斷為最需要者，而在臨界分數以外者則不加以治療。對所有的個案，不論是有無治療，都記錄其合格性分數，並且在分析實驗後或其他追蹤測量中都以之為關鍵變項。從接受治療的團體之內，計算出最終分數相對於合格性分數的斜率。分界點的截距可以看作是，如果對座落在分界點前後組距的人們進行分數相同者的（tie-breaking）隨機指定的實驗的話，對接受治療團體之平均數的估計。從那些在分界點以外的人們，最後分數相對於合

格性分數的斜線，其截距將代表著同分隨機指定下的未治療團體。最接近分界點的無治療者最是關鍵，沒有必要對那些離分界點最遠的人進行追蹤。或許我們可以採行一項規則，以治療團體合格分數單位的兩倍爲範疇。爲給予斜線估計以穩定性，絕對數字是重要的（受治療或處遇人數要達到相當數量）。雖然 Trochim（·1982）曾以專書討論，此一設計的介紹可以參閱 Campbell（1969）、Cook 和 Campbell（1979）的論文。

我們雖然推薦迴歸中斷設計爲可能限制標籤效應的途徑，但該方法有著其他的倫理問題。它需要行政上的體認，即可能無法積極而有效的治療所有可以自此介入方案獲利的人們。在考慮人員的能力下，必須作出決定，對一些人給予完全的治療，對其他人則不給予任何治療。此一治療上的不足，可能被用來隨機的將較大群的需要治療者分割成治療與不治療團體。然而，雖說在科學上是理想的，卻可能造成我們明白感覺到的不公平，即同是需要者卻未獲得任何治療。

我們必須注意有人批評標籤理論，他們認爲標籤的力量被過度膨脹了（如：Gove, 1980, 1982）。不過我們假定標籤效應代表著對社會介入研究者的嚴肅的倫理關注。所以建議，應該避開所有的可能導致標籤效應的介入方案。再者，對社會研究者而言，開始發展出對標籤效應的短期測量，以作爲該效應的探測器，有其用處。例如，藉由詢問老師或父母指認出最需要早期預防性介入的兒童，我們可以取得標籤效應的早期指標。類似的早期指標，可以由

同事問出有問題的工作人員，從鄰居問出新近分居者等等。

摘要

　　總而言之，處理有關研究參與者的選擇和指定的標籤效應或其他議題，我們視之為在人權的社會需要以及應用性研究方法需求之間的妥協。此一妥協是在科學增進的精神中所達成的，賦予研究者挑戰，使之尋求替代的方法策略與研究設計，保障受試者的權利。不過，我們總是有可能碰到以下的情況，倫理標準與機構評審委員會的審議被視為不可能清除的障礙，並且對研究者潑冷水，妨礙他們提出重要的課題，妨礙他們進行一些有著方法與倫理兩難困境的研究（例如，關於服從的研究）。為了避免如此的兩難困境而阻礙研究，則與應用性研究和科學進步的目標正恰相反。

問題討論

‣　個案研究：受雇於一家機構的心理學家，執行有關治療酗酒與藥物濫用者的一項新發展的介入方案。管理幹部懷疑有藥物或酒癮問題而影響到工作表現者，將會送交

該公司的員工協助計畫（該計畫設計以為員工諮商之用）以接受新的治療方式。員工將允許自願者在任何時間加入該計畫。不過該公司的醫藥與勞工關係部卻擔心，參加該計畫的員工（不論是自願的或直接送交的）會被管理幹部標示為「酗酒者」或「藥癮者」，或許會導致不公平的或不必要的解聘。加之，這位心理學家也有點不能確定該介入方案會提供受治療的員工良性效果，由於有關效果的研究證據還是不太明朗。

‣　什麼樣的倫理問題會因這個個案而發生？

‣　為避免使用該治療方案的員工不致於受到標籤的或不公平的解聘，你會建議什麼樣的轉介方案（referral program）？

‣　該介入方案應該提供什麼程度的資訊給員工？

推薦讀物

Cook, T. D., & Campbell, D. T. (1979). *Quasi-experimentation: Design and analysis issues for field settings*. Boston: Houghton Mifflin.

Faden, R. R., & Beauchamp, T. L. (1986). *A history and theory of informed consent*. New York: Oxford University Press.

Price, R. H., Ketterer, R. F., Bader, B. C., & Monahan, J. (Eds.). (1982). *Prevention in mental health: Research, policy, and practice*. Beverly Hills, CA: Sage.

Rosenthal, R., & Rosnow, R. L. (Eds.). (1969). *Artifact in behavioral research*. New York: Academic Press.

Schuler, H. (1982). *Ethical problems in psychological research*. New York: Academic Press.

5

保密與隱私權

　　對由於其研究的特質，經常要求人們與之分享思想、態度和經驗的研究者而言，隱私與保密是兩項關鍵的倫理議題。當關係到敏感的問題，除了隱私的貶抑之外，也會因訊息的提供而產生對回應者相關的可能危險（Boruch & Cecil, 1979）。在最近一項調查中，評估專業領域中的社會科學家，將個人的保密列為其領域中最重要的倫理議題（Sheinfeld & Lord, 1981）。

　　對受試者在社會研究中的隱私權，以及對他們提供資訊的保密，本章將就其所關聯的主要議題加以說明。遵循對這些詞彙的定義，我們思考在社會研究中保障個人隱私及資料機密的需要。因為隱私和保密最關係到社會調查研究（雖不限於此），我們回顧二者對獲取同意和正確性影響。我們也描述保障隱私和機密性（不嚴重威脅研究者探究社會議題的自由）的策略，包括在統計程序中隱匿研究

參與者的真實身分，以及對提供敏感資訊者的法律保護。至少部分的具倫理感的社會研究者，知道在什麼方式下隱私與保密可能遭危害與保護，同時都具相當的知識，曉得隱私與保密如何影響獲得同意及調查發現的正確性。我們建議，由於社會中隱私的指導原則是變動的，同樣的，對社會研究倫理相關議題的評估，也是變動的。為求增進了解這些議題，我們首先必須衡量更一般的隱私的概念（保密只是其中一方面），以及特定隱私情境的性質與目標。

隱私的性質與目標

Alan Westin（1968, p.7）曾定義隱私為，「個人、團體或機構聲稱，他們自己決定何時、如何以及在什麼程度下，可以將有關他們的資訊傳達給其他人。」當根據個人與社會參與的關係觀察，此一定義認為隱私是透過生理或心理的手段自願並暫時與他人隔離。隱私與保密有所不同，前者關係到人，後者則關係資訊與資料。作為隱私的延伸，保密「指涉的是，人們之間的協議，限制其他人接觸私人的資訊」（Sieber, 1982a, p.146）。如此一來，研究參與者或許同意提供某些資訊給社會研究者，不過有其條件，即研究者同意限制其他人接觸可能會聯想到參與者的資料。

因為有著同等強烈對參與社會的需要，個人對隱私的要求不是絕對的，並且人們一直是處於一種個人調適的過

程，對隱私的要求相對於揭露事實以及個人與他人溝通的需要，必須取得平衡。如此的調適是在環境條件的脈絡中產生的，這些條件包括來自饒富好奇心的其他人（如社會科學家）的壓力，以及社會的規範和用以執行這些規範的監督過程。

　　藉著控制誰能進入自己的生活，誰能與聞自己的資訊，人們可以維護隱私（Sieber, 1982a）。因此，如果研究者透露了（有意或無意的）有關研究參與者寧不為人知的態度、動機或行為等的資訊時，就危及後者的基本隱私權，並且業已面對了倫理問題。道德神學家稱這樣的背信（breaches of trust）為誹謗（detraction），意思是任何有關他人令譽的不合道理的陳述，就算這陳述正式而言，並非不真實的。哲學家 Thomas Aquinas 在沉思錄中曾談到誹謗，即以揭露秘密導致他人令譽受損。譬如，誹謗不同於個人自願同意放棄其隱私權的關係。藉著不揭發不名譽的或尷尬的事情，以保障個人的榮譽與令名，以及排除過度好奇與窺探，因而是隱私議題的核心。對誹謗的顧慮，深深根植於現代的隱私概念中，並且是知的權利與隱私權之間的基本衝突。

　　Westin（1968）曾區分個人隱私的四種狀態，它們的差異在於，一個人的自願隱匿，是在個人獨處或小團體親密的狀態下達成的，還是當他置身於較大團體時，由於匿名或保留的狀況而保有。個人獨處（solitude）的情形是人們最可能達到的完全隱私的狀態，在這種情況下，個人與團體隔離，且免於受他人的觀察。這種隱私狀態也許用以尋求能私下的沉思、簡單的休息、或者從事閱讀與寫作等

活動。不過，個人獨處不可與孤立（isolation）混淆，理由是，孤立的個人或許是無法成功尋得他人的陪伴。由於日常生活的強度一直增加，退入個人獨處的狀態，可能變得比目前的社會現況更爲必要。我們可以從醫療的情境看到個人獨處狀態的例證，即在病中需要休息靜養以得完全的康復。

第二種隱私狀態，親密（intimacy），是在少數人之間獲得的，通常是兩人之間，他們想要達成滿意的個人關係。排除他人而保有的典型的親密單位，包括明顯如戀人、家人與朋友小圈子，以及工作團隊（像那些進行共同計畫的合作者，或從事精密商業談判的人們）。如 Westin 所定義的，在研究情境中的親密，有時是在研究者與參與者關係之內所需要的，這樣子使信任得以滋生，並且參與者能夠自願的訴說本來不願意說出的事實或情感。如此的隱私狀態提供了情感宣洩的環境，而不會造成因個人的言論而遭譴責的感覺。

第三種隱私狀態是匿名性（anonymity），當個人在公眾場合尋求免於被辨識和監督的自由時，便產生了。雖然與個人獨處相關，匿名性是個人所企求的「公共隱私」的時刻。在這種狀態下，個人選擇不揭露自己的姓名身分，並且不希望被辨認出個人的身分，不希望被限制於在正常情況下必須運行的規則或行爲。在匿名關係，人們經常自在地與陌生人交談，安心的在心中知道，這陌生人沒辦法將權威或約束加諸自己身上，並且日後再與這陌生人互動是不太可能的。因此，認爲自己是小心與較親密關係的個

人有所隔離，這類的信心在匿名情況中顯而易見。

在社會與醫學研究中，匿名與保密最密切相關，理由在於，一旦資料的使用方式導致受試者的身分暴露，匿名性將無法保持。在這方面對隱私的破壞增加了受試者遭到傷害的可能。認為自己心理、生理或經濟條件遭人輕視者（如愛滋病患和福利救濟者），當拜訪研究者的實驗室、診所或訪談室時，就算在這樣的情況下匿名性實際上經常難以達成（如在參與社會的或臨床的介入研究時，他們或許必須向藍十字（Blue Cross）或醫療保險（Medicaid）等說明自己的身分），他還是會選擇維持匿名狀態。如第 1章中所討論的「斯布林代爾」事件，即是個例證，無法保護研究參與者的匿名性，可能危害參與研究的人們。

第四種隱私的狀態，保留（reserve），是最微妙的狀態，理由是，這意味著創造一種心理屏障，用以抵抗不樂見的侵入。當個人對會暴露其深沉自我的溝通方式有著加以設限的需要，而受到其周遭人士自願配合（willing discretion）時，保留的情形便告產生。在團體中，藉著維持有所保留的狀態，個人可以在個人資訊有限度的公開中，獲得所需的隱私時刻。在醫療情況中，醫生經常透過保留以保障病患個人的秘密。

目前有著世界性的人權規章（如聯合國的全球人權宣言及歐洲人權協定），明定隱私權，這也隱含於各種美國與歐洲有關研究與專業標準的倫理規章中。一些共同點貫穿這些規章，包括對人的尊重，對誹謗的補救，對匿名的需要，對個人獨處與親密的保障，以及禁止對保留狀態與

秘密的破壞。研究者必須維持受試者資料的秘密,此一原則是一致都出現在所有的歐美倫理學研究與專業標準各色規章中的三項原則之一(其他兩項是避免產生身體傷害和避免心理傷害)(Schuler, 1982)。不過,想要在某些狀況中應用這些正式標準,往往引起困難的道德選擇。當研究或臨床工作,在資訊的需要與謹慎避免揭露資料的要求相衝突時,應用上的問題尤其明顯。我們不妨舉個例子,心理學當今的標準就將隱私的焦點縮小到保密:

> 除非有其他事先的約定,在研究過程中自研究參與者所獲得的資訊都是機密的。當其他人取得該資訊的可能性存在時,應向參與者解釋此一可能性及其保障機密的計畫,作為獲取告知同意程序中的部分(美國心理學會,1982,p.7)。

此一原則反映的立場是,研究人員主要的職責之一是滿足受試者對匿名與保密的期望,並且這樣的責任與告知同意密切糾結。但是,雖然這原則意圖保障研究受試者的匿名性,並要求研究者有所保留,卻無法擴展到居於研究者與受試者關係核心中的親密性。

如稍前所討論的,心理學家進行人類受試者的研究偶而會遭遇兩難的困境,告知其受試者一些有關研究內容,卻會威脅到受試者反應的效度。雖然研究者採用一些方法解決如此的衝突,或透過刪除研究的某些相關內容,或以欺騙的手段給予受試者不正確的訊息,反之受試者也不樂

意承認他們對研究並非茫然無知的。雙方對資料的透露都可能損害受試者參與這項研究，或使其參與等於無效，結果是一種「不知的協定」（pact of ignorance）會形成於研究者與受試者之間，這與二者關係親密的最佳利益正恰相反（Orne, 1962）。從受試者這方面觀察，當研究受試者將實驗的欺瞞之處和研究假設述說給隨後將參加同一研究的朋友或親戚時，研究者與受試者之間默認的合作協定，就已遭到更進一步的破壞。事先對研究所得到的訊息，讓接受訊息者可以用來增進與研究者之間的關係。在如此事例中，知悉不得洩漏的訊息可能就破壞了在研究情境中用以界定角色關係的親密與信任了。

洩露有關他人的資訊，雖然與原有的承諾牴觸，但其正當性常視破壞該信任所發生情況而定（Kimmel, 1985b）。當在同事會議或酒會閒談中研究者談及與受試者的親近關係，只要是明白的不利於受試者，在道德上就可以受到譴責。但是對信任的破壞是拯救企圖自殺者而不得不然，大多數人無疑會認為是正當的。醫生與社會工作者談及病患的病情，所著眼的是病患對社會支持的需求，一如醫藥的治療，也可能被認為在道德上站得住腳，特別是，醫生與社會工作者在對病人的誠意上，共有其相似的倫理，並且是以恢復與支持病患為共同目的。

對信任的破壞，倘若受到與研究參與者、病患或案主關聯的專業人士已知或認可的承諾而約制，英國的醫生 H. W. S. Francis（1982）稱之為內斂的（convergent）；反之，當對信任的破壞不是在已知的具有持續專業承諾團體內，則

是外散的（divergent）。醫生介紹其病人給研究醫生，而後者又不對病人負起責任，只顧念自己研究計畫的成功或人類更大的福祉，這種情況下，原來的醫生在傳遞資訊時也喪失對這些資訊的控制，因而是外散的。在此一例子中，不致產生不利後果的信託聯繫，在醫生與病患間無法發展出來（信託關係指涉的是，在這種關係中，為了個人利益，將權力託付給另一個人）。同樣地，社會研究者在把可以辨識個人身分的記錄提供給其他分析者或稽核人再評價之後，也許發現這些資料被再轉送給其他的研究者，並用於研究中（儘管是抱著最有價值的用意）。當然，就在前段所提的社會工作者的例子，醫生也無法絕對確保資訊不在社會工作者的專業圈中流傳。僅管研究者應用隱私和保密原則被接受的程度，有賴於倫理選擇所在的情況，但是就算在研究參與者不致遭受危害的情況中，這些原則仍然適用。

保障個人隱私與資料機密性的需要

為了測度社會研究工作的成功與否，我們經常必須收集一些資料：有關受試者經濟與社會地位，居家與家人關係，以及在相當觀察期間的心理與生理的福利（有時是好幾個月或數年的觀察）。以長期追蹤方式在實驗中評量社會介入的效果，是如此的重要，使我們有理由蒐集並在追

蹤調查中能夠繼續使用參與者的姓名、住址、社會安全號碼（如同台灣的身分證字號）、病患的姓名等等，雖然我們知道這些記錄連結到損害性資訊（例如有關心理衛生或經濟地位），增加了經由資料蒐集、記錄和分析人員而洩露的危險。

個人回答或反應的機密性，會經由好些方式而受到威脅，諸如，政府取得研究者的記錄、疏忽之下的洩露、偶然的詢問、或者偷竊（Boruch & Cecil, 1979）。因此，受試者隱私的侵犯以及機密性如何在未來資料的運用中獲得保障，與此相關的倫理問題顯得尤其突出。

隱私與機密性的倫理衝突

雖然隱私問題與關注的發生，在社會研究中並非新鮮事，但其事件與性質卻有所轉變，很明顯的是因為社會研究在著重點、方法和目標上的變遷。一如 Boruch 和 Ceril（1979）所觀察的，早期有關隱私的公共關注，傾向於集中在普查以及政府對所獲結果的運用。Eckler（1972）在對美國社會研究早期歷史的調查研究中，發現對得自統計目的的資料機密性的保障，明白的記載於 1840 年美國普查局的指導原則，要求普查計數人員應體認得自受訪者的資訊為機密。事實上，在美國普查局成立以來，就努力於確保受訪者對資料洩露的疑懼不致於妨礙研究中的合作程度。由於社會調查的品質隨著時間的演進而增進，管制資訊洩露的法律，更加明白要求機密性，以保障資料的品質。根

據 Eckler，同樣的模式也見諸經濟福利統計的早期發展中。

當社會科學家越來越涉入對社會問題的辨識以及透過實地研究測試以可能的解決方案，隱私關注的性質也因時而變（Boruch & Ceril, 1979）。隨著社會研究政策關聯的增加，對經驗資料的較高標準也滋長出來，比起過去較不重視一些傳述的事例或專家的意見。這些發展在隱私方面，引起與以下一些人士的衝突，包括政策制定者、研究資助者、研究參與者團體、新聞記者，以及那些對更深入方法的目標和標準不了解，但卻又對研究的價值和意涵具有反對觀點的人。

社會政策研究的運用，最近曾導致一些有關隱私議題的衝突。有個事件引發了相當的公眾和政府的關注，發生在新澤西州的負所得稅（negative income tax）實驗期間，這是一項社會實驗，其設計是在測量各種負所得稅方案對接近貧窮線家庭的影響（Baratz, 1973; Kershaw, 1975; Riecken & Boruch, 1974）。低收入家庭由州給予一個總額（在每年一千至兩千元美元之間，代表著不同貧窮層級收入的百分比）的資助。參與者填寫一份問卷，詳細記錄其收入、與工作相關的行為，以及在實驗之間、之前和之後的各種活動。整體計畫在開始之後，就一直被引為在有關經濟、心理與社會假設方面值得注意的研究，並且是社會學家在應用研究中可以預期一些缺陷的個案練習（Baratz, 1973）。不過，雖然參與者得到維持隱密的承諾，地方執法官員卻視此一計畫是檢查福利欺騙的良機，並且企圖取得機密資訊以求揭露在繳稅和貼補上的作假行為。大陪審

團和議會調查委員會要求取得有關可辨識受試者的記錄。研究者，已經承諾善加保障受試者的資料，處於困難的境況，無法確定若是法院提出傳票後是否還能信守承諾。官員們經仔細的協商的說服之下，同意中止對取得相關資料的要求。

在新澤西所得維持計畫所受到的兩難困境折磨之下，美國經濟機會局建議聯邦機構評鑑委員會對機密性的問題加以研究，並且建議一些方式以確保未來評鑑與社會實驗的資料。 在其結果報告中，該委員會建議如下：

(1) 所有從事評鑑研究的聯邦機構採用嚴謹的程序，確保在這種研究過程中取得的資料獲得完全的保密，不得用於研究以外的目的，不能在任何可以認出個人身分的資料下釋出；

(2) 考慮制定聯邦法規，保障在聯邦評鑑研究中獲得的資訊不致受到法院傳票，因此也保障如此的資料不會被用於法律的執行或其他的法律訴訟程序（聯邦機構評鑑研究委員會，1975，p.7）

如負所得稅計畫所例證的，經濟研究中的倫理兩難所涉及的衝突，一方面是是研究者對保密的承諾與研究的正直完整，另一方面則是政府調查者在行政上維持公正（如查核社會研究記錄）的利益（Boruch & Ceril, 1979）。研究與法律標準之間的衝突，在社會研究中同樣散布在其他的敏感課題裡，諸如藥物使用和犯罪行為。Boruch 和 Ceril

5 保密與隱私權 125

（1979）曾強調，研究者對檔案資料的合法使用，因為某些機構（如聯邦調查局）傾向於甚至拒絕資料的匿名運用，因而遭到阻礙。當意圖保障資料的機密性，如此的政策就對積極需要長期追蹤的社會研究設下障礙。在少年非行的研究領域內，對取得可辨識研究參與者身分的資料，一直有著法律的威脅（Brymer & Farris, 1967）。像這些與隱私相關的衝突，在教育研究中亦屢見不鮮。例如，新的規定，其設計的目的在藉限制對學校記錄的取得以保障學生的隱私（如 1974 的隱私法案與 1974 的家庭教育權利與隱私法案），同時也妨礙了有價值的教育研究（例如，評估特殊教育方案的影響和教師、課程等的效果）。這些和其他的倫理和法律上的衝突，彰顯著社會研究中隱私與保密的重要。總結而言，Sieber（1982a）曾經指出六種理由，說明何以取自研究參與者資訊的保障對社會科學家是主要的議題：

(1) 取自參與者可能感到尷尬或秘密的資訊，其洩露的可能性，就意味著對參與者在心理、社會與經濟上有造成傷害的風險；

(2) 為研究目的取得敏感性資訊，只有在參與者隱私權受到保障之下，才能獲得法律的保障；

(3) 研究的目的經常要求研究者貯藏特定可辨識的數據（如姓名與住址），以為長期研究之用；

(4) 研究資料可能受到法院的傳訊；

(5) 新近發展的對保護機密的法律標準，對敏感資

訊的取得設下限制；

(6)　　研究參與者經常會疑慮他們所透露給研究者的
　　　　資訊將如何使用。

機密性對調查研究的影響

　　社會研究中對保障隱私與保密的其他論點，則更直接
立基於科學的關心而非倫理或法律的立場。主張自研究參
與者所得的資料必須保密，部分的理由在於如下的假定，
當接受資料者承諾爲所揭示的資訊保密，將導致結果可信
度和效度的增強。藉著提供可能受試者以保密的確認，研
究者也希望由於在受試樣本中減低無回答的可能性，而增
加研究發現的代表性。亦即，個人在自我報導的社會研究、
心理測驗和態度量表中，其反映的意願，如果可能的話，
很大部分有賴於研究者在同意過程中所提供的保證。這些
考量對涉及敏感性或困窘的資訊（經常正是社會研究所尋
求的）時，特別有所關聯。對這些方法論議題的經驗文獻
甚是廣泛，在此筆者只試圖簡短摘要少數幾個代表性研究
以及其意涵。

　　有關合作率的研究，試圖比較研究兩群參與者的反應
率，一群人得到守密的保證，相類似的另一群則否。這多
少是過度簡化的探討方式，我們預期反應率會因爲其他的
因素而變化，諸如確保機密的性質，用以達成承諾的策略，
以及自參與者所取得的資訊的敏感性（Boruch & Ceril,

1979）。不過，有關保密與匿名的不同方式對獲取反應的效果等的研究，在 Boruch（1979）的回顧之後，其發現的確呈現某些模式。受試者在研究中獲得保密的確認，而且是他們能了解和信任的，比起那些不了解或不信任用以確保機密程序的受試者，更可能提供敏感性資訊（如，有關藥物使用或墮胎）。根據 Boruch，保密的確認似乎只對本質上敏感的問題有所影響，同樣的確保對受試者只提供無害的訊息時，則無效應。

Singer（1978）就告知同意對社會調查的影響所做的探討（見第 4 章），其中一方面就考量保密對社會調查回應率和回應品質的影響。與 Boruch（1975）研究結論相一致，他發現，就守密給予絕對保證，對特定問卷問題的無反應，有著顯著的效果。就算是在面訪這樣具敏感性的情況中，得到守秘保證者比起未得保證者，有著較低的無反應率。

設計來評估確保守密的不同方法的其他研究則建議，只是對研究參與者給予爲其回答保密的簡單承諾，並不足以確實滿足他們對隱私的需求。Reaser、Hartsock 和 Hoehn（1975）以及 Zdep 和 Rhodes（1977）的發現是，當保密的機制清楚而受試者獲得具體、眼見將信守承諾的保證的話，受試者很明顯的會更可能承認不良的行爲。

爲求對社會研究中合作率的變化提供更佳的了解，國家科學院（National Academy of Sciences）組成科際研究小組，即影響調查反應隱私與保密因素研究小組（the Panel on Privacy and Confidentiality as Factors in Survey Response），執行了大規模的實地實驗。自 1976 年開始，研究小組就採

自全國機率樣本的受試者加以研究，以決定隱私和保密如何影響他們對家戶普查和調查的感覺與反應。該計畫的參與者經隨機指定給予不同的保證程度，從記錄的永久保密到明白宣稱資料可能提供給其他機構。這研究顯示有點微弱的關係，建議的是，當保密程度降低，拒絕率則升高（國家統計安員會，1979）。Boruch 與 Ceril 推測，如此微弱關係的可能解釋是，普查的無害的性質以及許多受訪者，特別在普查的訪問中，可能預期會得到保密的確認。在國家科學院研究中，後續訪問的回答，提供了對後一解釋的間接證據。整體說來，得到保密確認的四千四百二十位受訪者中，絕大部分（76%）都能正確回憶所得保證的特徵，未獲得保密承諾的受訪者中，相當實質的比率（40%）錯誤的回憶或假定他們的作答會受到保密。這意味著，人們對普查有著一種觀感，導致他們假定所做的反應將受到保護，如此的假定會讓受訪者忽略訪問者在研究過程中的同意階段所告知的事務。

除了有關合作率的研究之外，曾進行一些研究以決定保密的承諾對得自參與者資料效度的影響。在一項探究中，研究者評量，在不同的保密條件之下，受訪者可能提供社會期望性回答的程度。最近一項研究中，Esposito、Agard 和 Rosnow（1984）以自我報導的人格測量（焦慮狀態與特質測量表，the State-Trait Anxiety Inventory）探討保密、匿名與非匿名的條件對受試者傾向社會期望性回答的影響效果。在保密的條件下，要求受訪者提供姓名，但承諾會將他們的回答確保機密。在匿名條件下，受訪者不須提供姓

名，但也未就保密有所陳述。在非匿名條件下，要求受訪者提供姓名並且沒有保密的陳述。其發現顯示，黑紙白字的對受訪者保證其回答會嚴格保密，相當實質減低了因社會期望性反應所造成的反應扭曲。匿名但未提供保密的承諾，與未匿名情況相較，卻沒有可見的效果。

其他的研究者曾報導，有關可能令人困窘的課題，諸如節育行為和兒童虐待，其更確切反應的取得，在於受訪者可以確信保密承諾的維持，保密的設計顯得微弱的話，則不見效果（例如：Krotki & Fox, 1974; Liu, Chow & Mosley, 1975; Zdep & Rhodes, 1977）。實現保密的更有效策略是那些運用統計方法（如隨機反應法，稍後將有所說明）的，而非使用較傳統的訪問方法者。不過還是有例證顯示，具體的保密確認的運用，並不總是能夠增進受試者對敏感問題回答的效度。在陸軍軍官（Brown & Harding, 1973）與大學生（King, 1970）的研究中，在不同保密條件下，承認藥物使用的比率，差異是微乎其微。同樣的，Folsom（1974）發現，在確保獲得有關飲酒和駕駛行為的回答上，簡單的保密承諾，比起較令人信服的依靠複雜統計方法，似乎只顯示些微的更能令人接受。雖然有的說法是，確保機密性，其方式的新奇，可能引起受試者的猜疑而非合作，不過在保密上的明確承諾，對這些研究中取得誠實答案缺少更實質的效果，其理由仍不清楚（Boruch & Ceril, 1979）。

總之，自經驗文獻中顯示的一項一般的發現是，就敏感性課題的研究而言，一些受試者因為保密承諾的微弱、模糊或不能了解，會拒絕合件，或其思維可能受到中斷。

因此似乎是在敏感性研究的領域裡，資料的可用性會因研究者提供可靠保密承諾的能力而受到影響。在無甚大害的研究裡，保密的承諾似乎並不影響合作的比率。保密的承諾在社會研究中，依其對某些自我測量在效度上的增進，明顯是值得的。不過未考慮其他的刺激或情境變項的話，保密的承諾獨自並不足以改進回答的效度。

保障隱私與機密性的策略

在社會研究執行之際所獲得的反應，當可辨識身分的資訊（即，包括姓名、地、或其他形式的獨特的身分標記）不會經研究者揭露給其他人的話，就可以視為機密的。已經發展出廣泛的相關程序，以協助確證保密的承諾得到保障，以下就描述其中的一些程序。就提供個人資訊給研究者的個人而言，各種策略對應著兩種特別的危險（Committee on Federal Agency Evaluation Research, 1975）。未經授權而誤用敏感性資料，其所冒的風險可能涉及以下的可能性：為研究目的所蒐集的可辨識身分的資訊，可能為非授權人士所取得（如勒索人、推銷員、以及討債人），用以不利於個人。在此，研究者的問題是提供資料以**物理性保障**（physical protection），或者是減低可以接觸資料的人數，或者是將個人反映記錄和辨識身分的資料之間的關聯加以銷毀。

另一項可能的風險是，因法律執行或其他的官方目的而形成的**官式誤用**（official misuse）。此一問題在於如何提供受訪者**法律保障**（legal protection）以使他們能得到確切的保證，有關他們行為的資訊不能也不將用於其他目的。

物理性保障

最基本的保障研究參與者隱私的方法之一，是避免敏感或困窘的問項，或者限制問項的數目，只納入那些研究所清楚需要的。可能的話，受試者的匿名性就在研究過程中盡早保護，刪除或不蒐集可資確認身分的資訊。不幸的，這些過程將限制了許多研究的可用性與效度，原因在於社會研究問項的性質以及檢查與追蹤資料的需要。

當消除可以直接辨識個人身分的資料不足以保密時，一些有用的統計技巧可用以保護資料。微群方法（microaggregation methods）是其中之一（Feige & Watts, 1970），創造許多有關綜合性平均的個人資料，並將之釋出作為個人資料的替代品。微群方法在確保檔案資料的機密以及在調查情境中直接獲取個人資訊上，可能有所發揮。在這些方法下，所釋出的記錄包含每一集群個別受試者的平均資料，因此在提供研究者應用描述與推論統計的同時，保障了個人資料的匿名性。

在些調查情境（如面對面訪問與更非私人的情境）為維護個人反應的機密性，其他的統計策略包括隨機問答法（randomized response methods）（Greenberg, Horvitz &

Abernathy, 1974; Tracy & Fox, 1981; Warner, 1965, 1971），
以及誤差預防法（error inoculation methods）（Boruch, 1972），
在後一方法中資料是以不同的方式「加以混淆」
（contaminated）。在隨機反應探究方面的一種簡單的方式
是，訪問者記錄下對隨機決定的問題的回答，以致於他們
並不知道任何一位受訪者實際所回答的問題。我們不妨舉
個例證，Tracy 和 Fox（1981）曾經建議，為了估計如虐待
妻子的盛行率（這可能是社會研究者所主要關切的行為，
並且可能對確切回答的受訪者造成法律上的危險或困窘），
像「你上個月曾毆打你太太嗎？」的問題之後，應該馬上
接著無關利害的問題，「你上星期曾用公共電話嗎？」其
答題的方式一如稍前具刻板意味題目般，也是「是與否」
的形式。在已婚的樣本中，每一受訪者可以經指引隨機選
擇其中的一題並誠實回答，受訪者不必表示所選擇的問題。
如此的方式，由於研究者（和其他的受訪者）不可能決定
到底所回答的是用公共電話還是虐待妻子，受訪者因而受
到保護。在機率的基礎上，是可能得到一項估計（在以上
的例子，是對虐待妻子的盛行率），而不必向受訪者的隱
私權妥協。

　　再接著以上的例子，假定研究者先前曾決定已婚男性
使用公共電話的比率（如 50%），而 100 位對上述二問題
回答的已婚男性中 60 位舉起手。那麼可以假定說，50 位舉
手者在過去的一週用了公共電話（不管他們是否虐待妻
子），而其他 10 位則未曾使用公共電話，但曾經虐待妻子。
既然我們可假定 50 位受訪者在上星期未曾使用公共電話，

則 50 位中的 10 位，或者 20%，是虐待妻子盛行率的估計值。使用這種策略，我們不能確認，那一位舉手的已婚者是虐待妻子的 20 位中之一。以上只是隨機反應方法之邏輯的過度簡化的實例，有興趣的讀者應該知道，更複雜的方法已經發展出來，可以實際用於實地研究（參閱 Boruch & Ceril, 1982; Fox & Tracy, 1984）。最近，Fox 和 Tracy（1984）曾證明，如上述隨機反應無關聯的問題，可以再經處理成為測量誤差模型（measurement error model），轉而可用於一些多變項分析。隨機反應技術在生育控制、藥物濫用、種族態度以及其他敏感性問題的研究中，都已有所證實【譯者按：國內學者楊文山曾運用此種方法探討台灣地區賄選的情形，參見楊文山，1994，〈隨機問答在大型實地調查中的應用：以估計台灣地區賄選為例〉，伊慶春主編《台灣民眾的社會意向》，中央研究院中山人文社會科學研究所，頁 363-382】。

類似於隨機反應策略的是誤差預防法，對取得敏感變項的反應，諸如藥物使用或墮胎，也有用處，可以同時為受訪者保密。對二分變項有所用處的一種誤差預防法，所涉及的是隨機替代分數（random score substitution），抽取一個隨機數字，以決定受訪者的資料是如所回答的保留，還是予以替代，並且選擇第二個隨機數字，以決定所應替代的反應。由於研究者控制著誤差的一般性質，他在不知道特定的反應是真或假的情形下，仍能夠從大樣本的受訪者估計統計參數（如多少人使用藥物，曾經墮胎等等）。

值得注意的是，如此的「混淆程序」，也許無法用於

實際的研究中（Shuler, 1982）。雖然複雜的能了解統計的人們，會清楚知道研究者能夠計算人們在警方有記錄或其他隱匿不說的東西，但是受訪者若不了解統計的話，或許不會相信這種過程。加之，這過程也許提供受訪者對問題本質的第一手線索，因而提高他們反應的門坎。不過，這些混淆方法似乎在對已經儲存的資料的混淆（無法辨識個人身分），有著相當好的功用（Schuler, 1982）。為求對以上的或其他的保密技術希望完整說明，以及考思它們的限制，讀者應當查詢 Boruch 和 Ceril（1982），以及 Campbell、Boruch、Schwartz 和 Steinberg（1977）等的精彩回顧。

法律保障

過去幾年來，研究者受到法律強迫而揭露得自社會研究參與者的資訊，其可能性一直增加，因此對資料的保密加上了新的威脅。前面提到的新澤西的負所得實驗以及其他的事例都證明說，研究者不再能夠善意承諾不提供資料於官方目的，包括法律強制，除非他們可以就這承諾得到法律的基礎（Committee on Federal Agency Evaluation Research, 1975）。雖然資訊可以受到法院的傳訊，但研究者自身可以避免潛在的兩難困境，方法是訴請聯邦或州的機構以求保障免受法院傳訊（Fowler, 1984）。

在 1970 年之前，在與隱私相關的問題上，政府的角色大都是有事才回應的。在 1966 年 1 月，總統之下的科學與技術辦公室，任命了隱私與行為研究委員會，評估在行為

研究中某些程序的性質，並且建議從事如此研究者的指導原則。將其關注侷限在隱私議題（定義爲「個人的權利，可以自己決定自己的思想、感覺與個人生活中的實況中，有多少將與他人分享」），該委員會清楚界定如下的衝突，一方面是個人在尊嚴、自重與自由上的權利，另一方面則是社會的發現權（society's right of discovery），考慮到可能削弱重要研究的限制（Panel on Privacy and Behavioral Research, 1967, p.536）。該委員會提醒，雖然大多數的研究並不侵犯個人的隱私權，但卻有著足夠嚴重的例外情況，使我們有必要對保障此一權利的程序投入更多的注意。

截至 1970 年，國會曾立法增強衛生與人類服務部長（前身爲 HEW）、聯邦總檢查長以及其他政府官員的權力，他們可以授權參與研究者，保留可以受他人辨認出身分的資料，藉以保障研究參與者的隱私（Knerr, 1982）。雖然如此的法條對某部分的行爲與社會科學研究社群，的確提供相當的保障，但是在每一個案中所提供的保障卻是相當有限的，還多少是界定不清楚的。不過在最近，由於在隱私上的立法與行政的利益，政府的角色已經擴大。如此的利益似乎來自一些法律，如 1974 年的隱私法案，以及各種機構官員早期在建立倫理研究上的努力（Boruch & Ceril, 1979）。

對聯邦政府或其委託研究者，1974 年的隱私法案使資料的接觸（曾經透過 1960 年代晚期的資訊自由法案而有所促進），更加複雜。1974 年的法律，其制定的目的，部分在保障因無能的記錄保管所導致的對個人權利的侵犯，爲資訊的蒐集、維持與釋出，提供了一套規則。像「家庭教

育權利與隱私法案」（設計來保障有關學生的資訊）一般，隱私法案激起了社會研究領域的關切，認為它意味著經由削弱對有用資料蒐集的可能，加諸研究過程以不必要限制。

　　簡言之，隱私法案限制了研究人員從聯邦機構取得可以辨識身分資料的範圍。其他較近期的聯邦或州的法條，其制定有助於保證蒐集敏感性資料的研究人員，不必因法律上的要求而揭露這些資料。這些法條保障研究所蒐集的資料，包括有關於酗酒與藥物濫用、犯罪行為以及心理衛生等範疇。我們可以看到的例子包含，禁止普查記錄開放的法條（13U.S.C 8, 9），以及限度內保障，提供給「國家衛生統計中心」所蒐集的所有的可以辨識個人的資訊（42 U.S.C 242m）。限度內保障亦提供給一些病患的記錄，這些記錄係有關藥物濫用，或由聯邦機構或部會執行、規約或協助的研究活動（42 U.S.C. 45852; 21 U.S.C. 1175）。不過，雖然有些機構例行上都承諾對所蒐集的資料保密，如此的保證似乎都缺乏法律的立足點，原因在於，研究者與受試者之間的關係並未被認為是有其特權的。由於我們並無足夠的空間在此討論有關保密複雜的法律議題，我們建議讀者參閱 Boruch 和 Ceril（1979，第 8 章）、Knerr（1982）以及 Nejelski（1976）所提供的周詳回顧，在其中都描述了為保障某些資料的機密性而制定的聯邦和州的法條，同時也建議社會研究者如何能夠保護其資料而不致受到法院傳訊。

摘要

　　當揭示資訊的意義與不願洩露敏感性資訊相衝突之際，社會研究就產生了困難的選擇。對應用性研究，由於很需要長期追蹤以求獲得理想的最後測量，我們沒什麼理由預期說，與保密和隱私權相關的問題，在未來會消聲匿跡。因此，因預期未來的追蹤研究，為受試者的隱私權奠定基礎或保障，是應用社會科學家的主要職責。在如此的考量之下，我們建議（1）從受試者獲得可以辨識身分的資訊（例如姓名、出生地、社會安全號碼等）應該在保密的條件下加以記錄和保存，以及（2）長期追蹤的可能性，應該視如告知同意例行程序的一部分（Campbell & Kimmel, 1985）。再者，由於漸漸增加的是，一些決定是在社會研究專業之外由立法部門所訂定的，對社會研究的最佳利益而言，是要持續追求方法，在社會資訊的公共利益與保障個人隱私的同等關注之間，取得平衡。

問題討論

　　個案研究：在一家公司專職的研究者，當組織工會推動之際，在公司所屬工廠之一執行態度調查。研究所揭櫫的目標在了解任何對工廠雇用條件的不滿。例行的匿名保

證都提供給了參與者。在研究過程中，研究者可以辨認具備強烈支持工會感情的個人或團體。這項資訊如果提供給工廠經理，在對抗組織工會是有價值的。

▸ 在該研究中，所涉及的道德兩難或倫理問題爲何？這研究應該如我們以上所描述的那樣進行呢？或者應當採用不同的方式？
▸ 研究者應該採取什麼樣的步驟以爲參與者所提供的資訊保密呢？

推薦讀物

Barnes, J. A. (1979). *Who should know what? Social science, privacy and ethics.* Cambridge, England: Cambridge University Press.
Boruch, R. F., & Cecil, J. S. (1979). *Assuring the confidentiality of social research data.* Philadelphia: University of Pennsylvania Press.
Committee on National Statistics. (1979). *Privacy and confidentiality as factors in survey response.* Washington, DC: National Academy of Sciences.
Sieber, J. E. (Ed.). (1982). *The ethics of social research: Surveys and experiments (Part II). Survey research and protection of privacy and confidentiality.* New York: Springer-Verlag.

6

應用情境中的特殊問題

　　本章著重在應用情境中社會研究的執行所潛存的一些特殊問題。當社會與行為科學家在組織中、在其他的真實環境中執行其研究，評估進行中的社會方案和預防工作，或者在他們的應用工作中採取著反對的角色，他們經常遭遇獨特而且多少是相互矛盾的倫理問題。這些問題的例證都將在本章稍後呈現出來，同時也考量社會研究者在掌控及運用其發現時的責任。在此的一項根本關心是，當新的科學知識遭到誤用時，或者當廣為接受且經證實效用的程序與原則不適當的運用時所產生的問題。在明確說明的限制條件之外對研究發現的不當運用，可能有著嚴重而深遠的影響，同時會對一些情境的倫理引發重要的問題，這些情境包含研究者就教於各種組織、人群服務與社區機構以及法律與教育官員等，或向他們提出報告的情境。

組織研究中的倫理議題

　　應用性社會科學家經常受雇於組織，在一些領域進行研究。在組織環境中的許多探究，是以增進員工滿足與動機的方案的設計和評估為主要目標，而其他的則包含執行一些介入措施，設計以增進員工的表現與關係。另外的組織研究的重心則是指向與人事有關的議題，包括對徵選工具的確認，以及對員工的測試和評價以作為人事決定之用。在執行這些研究中，來自心理學或其他領域的研究者或許試圖增進組織達成各種目標（如為私人企業謀取利潤，為政府機構促成服務的順利配送）的能力，促進其員工工作生活的品質，或者增加該組織對較大社會中其他機構或社區的影響力（Walton, 1978）。

　　當具備高等學位的研究專業人員因如上的或其他目的進入工業或組織環境時，他們被期望能遵循他們所屬專業組織（如美國心理學會）或聯邦與州規條（如個人由州給予執照而能從事心理諮詢）所設定的執行工作的倫理標準或原則。雖然執行組織研究、評估與發展的非專業人員並不負有正式責任遵循專業標準，不過他們經常隸屬一些專業會社（如美國人事行政協會），並且一般是預期他們能遵守許多適用於專業科學家的同樣標準（London & Bray, 1980）。在適用於組織研究者的標準中，我們可以列舉美國心理學會一般性的「心理服務提供者工作準則」（APA, 1977），以及附則「工業暨組織心理學家服務提供之特殊

指導原則」（APA, 1981b）。這些文件都明定研究者的職責，如保障心理服務使用者的權利，建立保障記錄機密性的體制，以及預期並解決來自使用者關係的利益衝突。更專門的技術指導原則則可見諸，「教育與心理測驗準則」（APA，1974；目前已經修訂）以及「人事選擇程序之運用與確認原則」（Society for Industrial and Organizational Psychology, Inc., 1987）。

在試圖提供倫理指導給研究與實際作為之時，雖然固守這些專業標準，再加上最佳的道德意圖，似乎仍不足以預防組織研究中的倫理兩難困境。在我們企圖達成高品質研究中，要同時合乎專業的與公司的標準（以及組織生活的現實）所造成的壓力，加諸組織研究者相當的束縛（Angell, 1967; London & Bray, 1980）。在組織中研究的現實所造成的是，研究人員可能纏繞在一組多重角色中，這些角色引起了混淆和衝突的價值。比方說，社會科學家可能不贊同他所協助的組織的目標與策略，或者質疑某些管理行為的公平與合理（Walton, 1978）。同樣的，研究者或許經要求而推動一項介入方案，這方案造成的結果與其個人的價值有所衝突。如此的矛盾類型可能加諸研究者以倫理的兩難困境。

上述困境之一曾由一位心理學家所報導，他受一家公司管理階層委託，調查員工的意見與士氣（Muchinsky, 1983）。縱然受試者都得到保密的承諾，一項調查回答透露，員工有偷竊的行為。於是該心理學家面對如下的困境，在員工不能被辨識的條件下告知管理部門存在著偷竊的狀

況（而事實上要辨識身分只要花費少許力量就可以做到時），或者採取另外的方式，即忽略如此的現象並且不告訴管理部門如此嚴重的公司內部問題。如此的倫理兩難，似乎缺乏明顯的解決方式，大部分是源自於問題所產生的應用情境的複雜性。

在分析組織中的倫理關係上，Mirvis 和 Seashore（1982）強調，由於組織的社會體系本身的特質，研究者要接觸其參與者並且試圖解決兩難困境的方式，都不同於他們在非應用情況中的作為。原因在於，組織（以及其他的應用情境）包含的不只是具有彼此間層級關係的個人，並且這些人在集體的組織認同下，還有著與支持者、消費者、政府、工會以及其他公共機構的關係。如此情況，研究參與者不能僅僅視為獨立的個人，也不能以不同的指導原則施用於員工、經理、負責人或服務對象，理由是，這些人都是在相互依賴的權利與責任架構之下而作為。可能的，這些個人會有著重疊但有時卻衝突的利益。在如此較大且更權勢的情況下，對完全主控倫理困境，或者促使最高權威做出影響受試者福祉的決定，以及保證研究將如所計畫的推展等等，研究者一般都缺乏權力與工具（Weiss，1978）。

Mirvis 和 Seashore 建議，考量角色與角色關係，有助於了解並緩和組織研究中的倫理兩難困境。依據他們的觀點，在組織中要合乎倫理，其挑戰不在於應用各種規定的指導原則和標準，而在於注意倫理兩難之際，同時發展並維持研究關係的過程。

如此的探究所需求的是，就研究參與者考慮他們作為

員工、經理、和組織與社會成員的角色，並且考量他們在組織中的關係大部分係由他們彼此所擁有的角色期望所維持的。於是，當社會學家進入組織的情境而擔負研究者的角色時，有責任將他對自己的角色期望傳遞給其他人，而同時也接受他人的期望。如此一來，各方面的利益有所澄清，並且各種行動途徑的危害與利益都可以公開考量。

組織研究所彰顯的角色體系的性質，如 Mirvis 和 Seashore 所概念化的，我們以圖 6.1 展現出來。組織中研究者和參與者之間的關係是以他們各自的角色體系交錯而成。這些角色體系從而又落入美國的大體系之內，這大體系內有其相應的倫理規範，諸如自由、均等、自決、正當過程等等。在研究者、參與者交錯的地方，新的角色和角色關係透過角色關係的相互溝通而創造出來。因為研究者將他們自己與同僚既有的角色關係，他們的科學專業以及研究的使用者與支持者等帶入組織情境，他很可能面臨一些不同且看似矛盾的期望。譬如，研究的支持者可能對研究者有著一套期望，然而研究者任職的機構可能有著另一套。組織中的各派系又有著其他的期望。因此，研究者變得有責任澄清他自己在如此情境中的角色——在無干擾下研究該組織，以實驗來測試介入方案，協助組織應對各種目標，或者以上三者的不同組合。根據 Mirvis 和 Seashore，藉著澄清自己選擇的角色，並公開的傳達給參與者，社會科學家能更好的界定他在應用情境中的倫理責任，更能預期所可能遭遇的危害和利益，以及區分他人所對應的責任。其他社會科學家同樣也曾建議在政策研究中採用相似的澄

清策略。

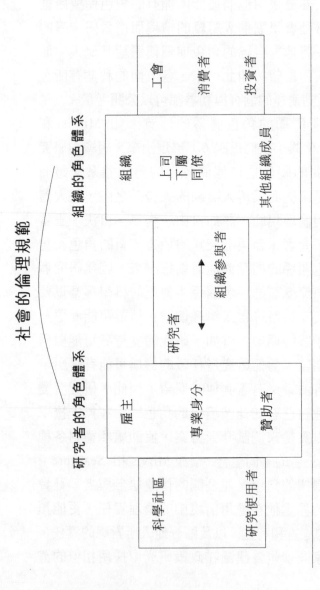

圖 6.1 組織研究的角色體系

資料來源：Mirvis, P. H., & Seashore, S. E. （1982）. Creating ethical relationships in organizational research. In J. E. Sieber（Ed.）, *The Ethics of Social Research: Surveys and Experiments*（p.82）. New York: Springer-Verlag. （取得引用的同意）

為了說明這些概念如何可以應用在實際的研究情境，Mirvis 和 Seashore 描述了在大型的都會銀行的分行中所進行的實地實驗。該分行發展了一項資訊系統，用以蒐集財務、行為和態度方面的數據（從各種記錄或直接從員工取得），並定期將之回傳到解決問題或下決策的工作團體。研究者與銀行員工所組成的工作小組共同工作，以推動此方案，並且稍後則評估該方案對員工表現與參與的影響。然而在研究的過程中產生了一些倫理問題。一些銀行的經理們覺得該方案篡奪了他們的管理權，因而憎恨此資訊系統，然而其他選擇不參與此計畫者，則感覺在無選擇餘地之下而採用此方案。雖然採取了對該資訊系統資料給予保密的步驟，參與者與研究者二者都關切，高層管理人員會要求審視分行的報告。在提出方案並與銀行官員緊密合作以推行該方案的過程中，研究者採取了積極的角色，這與其科學專業所建議的保持距離與客觀的方式恰正相反。進一步的問題也提了出來，包括在研究情境中如何去界定自願同意、隱私與機密性，以及對研究所獲得的利益，相對於可能不利於某些員工工作地位的資料處置方式或解釋，應如何加以衡量的方法。

　　在上述例子中，研究者所遭遇的大部分問題，都可以溯其源頭至衝突的角色期望。就研究者的角色體系，有著一套界定他們專業職責的期望，包括獲得參與者自願的告知同意，為資料保密，以及將員工與管理部門人員帶入該計畫中共同設計。不過一開始，經理人員和員工就企圖將研究者的角色框入大家在公司中已經熟悉的角色模型。譬

如，高層管理人員看待他們就像不昂貴的諮詢者，其工作在增進分行的表現與士氣。這麼一來，他們覺得查閱機密記錄以求刺激更進一步的發展，並無不妥。許多員工，相反的，認為研究者是他們的伙伴，提供他們與管理階層直接溝通的管道，並且有個例子顯示，也是反抗分行經理決策的機會。後一情境，在某些經理眼中，是對他們的效能和控制的威脅，並且他們的反應是，運用所得的數據除去不合作的員工。於是在整個研究過程中，研究者所面對的是強大的壓力，要求他們遵循不同的參與者的競爭性角色期望。

在銀行計畫中所引發的困難，就如其他研究般，或許在最初過程中對角色的界定、澄清和衝突消解的一些作法，便已經避免了。簡言之，研究者的職責在於作為一位倫理的決策者「創造出相互清楚的角色，並且在創造角色之際，確定管制人類研究的一般倫理規範」（Mirvis & Seashore, 1982, p.91；楷體係原作所強調）。這需要對角色系統相互交錯的認知，以及藉由訴諸共同且超越性目標的合作努力來解決問題。假如研究者和諮詢者決定，受邀進行研究的組織的價值不可接受，並且無法改變的話，最好就完全脫離這研究情境（Pfeiffer & Jones, 1977）。如此的事例中，角色間的後續衝突可能無解，而對涉入的各方都會太過挫折。

倫理與評估：一些問題的例證

　　評估研究是應用研究的主要類型之一，一般都在社會科學家的處理下，決定進行中的社會方案是否如所應當的運行。評估一般都側重在本質上是改良取向的方案，如補救教育、健康照顧輸送體系、福利改革、以及職業訓練方案。由於上述的方案都正在進行中，因此評估它們的研究比起其他形式的應用研究（如組織研究），往往都要求更短的研究時程。

　　在揭示一件社會方案是否達成原來所預期的目標時，評估研究的結果可以對社會政策或政治決定有著的立即的影響，事關該方案的命運，該持續還是中止，預算與人事該增加或縮減等等。雖然人們不應該預期社會問題會立即消除或解決，但是立基於研究結果（似乎是對某些特定行動給予正當的理由）的基礎，卻會立即做出對於方案的政策決定（Lynn, 1977）。然而，在評估結果的立即施行上，卻有其例外，發生在當研究發現是矛盾或模糊的時候。一些學前的「啟智」方案（試圖教育窮困學前兒童，以造就他們日後成為有成就且自立自足的成年人），所得稅維持方案以及少年非行防治研究，它們的評估一直未能對方案的成功或失敗形成一致的看法，因此也導致計畫者與決策者間的猶豫不決。立基於評估的立即行動，當一項社會方案的實際影響不是明白可見時，可以予以限制。劍橋—榮摩維爾青年研究的效果（曾於第 1 章討論），直到三十年

後仍未明朗，決策者很少願意為社會方案的評估等待待如此長久。有關評估研究的一件不幸的問題即在於，如此的研究的確採取的是短期觀點，並且如此「立竿見影」的態度，增加了不成熟使用評估研究的可能。

在評估研究的設計和執行上有著一些既得利益，並且因為其結果會影響到一些人的職位、教育或健康，我們可以預期衝突的角色期望。如同有關組織的研究，評估研究引發一些獨特的倫理問題，有關應照顧何人的利益，以及在研究過程中應代表何方的觀點（Kidder & Judd, 1986）。許多如此的問題，其產生導因於評估與社會以及政治制度的聯結。在此情況中的倫理兩難，我們可以了解，大部分來自於研究者作為評估者所扮演的多重角色（Sieber, 1980）。

評估者要將其研究者的角色與其他的角色，諸如諮詢者、教師或診療者加以區別，通常有所困難。當這些規制的角色職責重疊的話，毫無疑問的，就滋生矛盾（亦即角色衝突）而引發倫理困境。在第 2 章所陳述的評估事例，即是在評估研究中可能遭遇如此衝突的好例證。在其他地方，Campbell（1969）描述了評估研究者與方案執行者之間衝突的無可避免，前者的事業要求他們評估其他人的方案，而後者的事業則仰仗執行成功的計畫。Campbell 提供的建議是，如果方案執行者對其方案的實際效果採取更科學的態度，如果研究者限定其評估為對方案而非對人員，則衝突或可避免。藉著在實際評估之前便澄清其角色，則可以發展出更合作的研究者與方案執行者間的關係。如此的建

議，與 Mirvis 和 Seashore 的觀點一致，即公開澄清並考量組織情境中角色間的衝突。

　　為說明在不同情境可能加諸評估者的各種的倫理與道德問題，Johnson（1985）曾描述兩種倫理困境，是發生在評估者在人群服務機構內工作，特別當其案主係由社區家事法庭和兒童福利體系轉介過來時。第一個兩難涉及的是破壞保密原則，報告了案主的非法行為（兒童虐待），而第二個兩難牽涉的是，很難界定評估者作為專家證人的適當角色。這兩種困境所關切的，都是介入了機構案主（agency clients）（他們多少會與評估研究有所關聯）個人生活與法律事務，從而衍生的法律和道德的意義。

　　在說明第一項兩難時，Johnson 指出，不妨考量一下其他專業在相似情境中採取的作為。例如，犯罪學家，將其研究受試者所犯攻擊罪行的消息拒不透露，可能遭到控告，因此匿而不舉發犯罪便是「從犯」。然而，在法律意義之外，一些犯罪學家曾經強調，專業人員有其道德義務，當對研究參與者給了保密的承諾之後，就應信守（Wolfgang, 1981）。少年非行的青年工作者（youth workers）面對類似的問題，即是否要舉發犯罪活動。在這樣的情境中，青年工作者將做個相對利益的比較，一方面是將如此的活動報告給警方，一方面則是造成他人受害的可能，以及危及與幫派建立起的良好進展。

　　在病患對其他人有著嚴重暴力的危險之時，精神醫療和臨床心理學專業內的治療專家，曾透過法庭處理破壞保密原則的議題，在 Tarasoff 與加州大學校董會相抗的案件

中，法院的決定規定，治療者有義務保障受此暴力可能有意侵犯的受害者去對抗如此的危險。此一決議也經加州最高法院擴大解釋，包含了有責任舉發對警察的可能暴力。根據 Appelbaum 的說法，自 Tarasoff 案決議之後，曾發生一些病患因未受保密而控告治療者的法律訴訟，不過這些裁決的結果則都尚未公開。

從是否告發之兩難的倫理面而言，似乎，許多心理衛生專家運用 Tarasoff 案的「警告的責任」此一決議，將可能受害者更密切的帶入治療關係中（Appelbaum, 1981）。對許多治療者而言，對告發困境的解決是鼓勵潛在的危險人士求助於精神醫學家、教士或諮詢顧問，這些人的適切功能是給予這人諮詢意見以免犯下罪行。如果諮詢不足以為可能的阻嚇方法，專業人士有責任將如此的情境告知執法官員，他們可以採取步驟以防止此罪行。在處理是否告發的兩難困境時，其他的專業人士採取一種更正式的程序。一些心理衛生工作者維持他們與病患治療關係的方式是，告知病患保密的限度，並在界定治療者與轉介機構的關係上，讓病患也共同參與。

根據上述各類專業人士對應用情境中保密困境所採取的不同因應方式，Johnson 下結論說，「評估者必須考量，他們的行動對他們有意協助的方案或組織所擔負的責任」（p.48）。就其觀點，研究者運用與組織目標相反的方法與程序，是自相矛盾的──例如，當在設計來預防兒童虐待或疏忽的方案中，評估者將不告發兒童虐待的個案作為評估過程中的一項政策（由於對要求告發兒童虐待或疏忽的

條例，在各州並不相同，我們提醒讀者注意，在這議題上要參考各州的法律）。

Johnson 在有關評估者在專家作證場合的角色上，獲致類似的結論。縱然他未能發現家庭法庭以傳票傳訊研究者的任何資料或出庭作證的證據，然而評估者在他們的工作中，每天都面對著如此的可能性。在其他的法庭中有著「證人不得洩露的消息」（privileged communications）——即個人具有法定權利，使某些消息在未得其同意的情況下不得洩露——不同的是，家事法庭的成文法，在某些州中對兒童虐待和疏忽的個案，廢止了證人不得洩露消息的規定。在家事法庭中拒斥以上的規定，其理由在於以下的信念，爲了法庭可以作出「代表著兒童最佳利益」的判決，所有的相關證據都應該可以提供出來（National Center on Child Abuse and Neglect, 1978）。因此，在家庭法庭中決定身處受虐或遭疏忽情境的兒童是否應該被判定回家時，評估者還是有可能被要求作證或提供可辨識的資訊。在此類的大多數案例中，評估者經由訪問或實地觀察筆記所獲得的資料，通常都可用爲聽證時的證據（Caulfield, 1978）。加之，評估者也會被要求，提供有關兒童虐待或疏忽之處遇方案的證據。在法庭上提供有關特定社會方案的證據以供解釋，其所蘊涵的意義則加諸評估者一項額外的倫理問題。

對這些兩難困境並沒有簡單的解決途徑，例如，對方案評估者而言，運用方法上的策略以掩飾在如此情境中受試者的身分，有其困難，原因在於，評估者在與特定的機構工作時所必須扮演的各種角色：方案規劃師、諮詢者、

評估者、社會工作者、以及社區公民。最後，不論與專業標準是否相反，決策者必須分析其自身或組織的價值，並且投身於行動的過程（Johnson, 1985）。

非預期結果：預防性研究的「黑暗面」

與預防性應用研究相關的幾個倫理問題，在本書較早的章節中曾經有所討論，不過尚未曾考量且或許是在社會研究中所遭遇最嚴重的倫理問題，則是那些牽涉到預防性介入研究之非預期的負面效果。對在此領域中過去的應用研究所導致的非預期後果，我們可以舉出幾個例子，同時這些例子正是對應用情境之研究可能造成傷害效應的嚴重告誡。

除了對受試者的標籤效應（見第 2 章）之外，在一些未能預見的方式下，創新措施或作法會傷害到個人；尤其重要的是，研究者要能知曉非意圖結果並且因而調整告知同意的程序。預防性研究有可能傷害所預定幫助的人們，這樣的危險易於被忽略或看輕。Lorion（1984, p.252）曾強烈主張如此的論點，他告誡有關預防性介入誤診的潛在可能性（iatrogenic potential possibility）（即由專業人員的診斷或治療所引起的傷害）：

假定預防性策略有其正面效果或至壞只是中性效

應，代表著無知與不負責任的立場。介入性措施，設計來避免或限制病態過程的衝擊或者激發原先欠缺的人際或個人能力者，我們就不認為它也可能引發負面結果，是不可思議的。

這種誤診問題，McCord（1978）對劍橋—榮摩維爾研究的追蹤研究，提供了明確的例證（見第 1 章）。作為以非行少年為目標的預防性方案，劍橋—榮摩維爾實驗計畫顯示，置身於預防性處遇的某些特殊情境中，會產生微妙的心理與行為的後果，對研究參與者而言，最後是不利自身的。

Muñoz（1983）曾描述兩項微妙的議題，有助於澄清在預防性研究中產生非意圖效應的過程。第一項議題的引發，在於大多數介入性探究中無意之間會強調受試者的自我控制，即發生在參與者身上的作用大部分是在他們自己的控制之下。接受如此的論點，所企圖的是，鼓吹自我實現的策略，使個人以更健康和適應的方式去體驗生命經驗。不過，如此衍生的問題是，暴露於風險的個人，會將自我控制的訊息轉而不利於自己，原因是他們會推論，他們所經歷的困難也一定是自己造成的。因此高危險個人，如潛在的藥物濫用者、非行青少年、以及憂鬱症病患等，可能將他們目前問題內轉而歸諸個人的不適當。

Muñoz 所描述的第二項議題，關係到如下的可能性，即介入性策略，其目標在減少會使人置身於極其可能造成心理問題的條件，卻反而可能增加這些條件的發生次數。

為證明如此的矛盾情境，Muñoz 提示，一項成功於預防離婚負面效果的方案，可能使人們更容易考慮離婚。當人們知道能夠預防他們行為不良後果（如上癮、罹患傳染性性病等等）的方案時，相似的過程或許運作而導致藥物濫用與酗酒或婚前性行為的增加。上述例證都類似於 Gergen（1973）所謂的「啓蒙效應」（enlightenment effects），即人們在學習而知曉某些心理影響之後，對如此的影響則心存抗拒。預防性研究中的啓蒙效應，實際上可能抵制一些特定處遇方案的效果。

不同於誤診效應的問題（預防技巧實際上傷害了受治療的個人），其他的非意圖效應，卻可能因成功的預防了心理衛生問題而引發。可能的情況是，有些適應不良的過程，雖然被認定是應預防的心理健康問題之根源，但卻同樣對個人能提供有益的功能。例如，當 Cook（1970）將那些不自知為研究受試者成功的消除偏見，無意間卻造成了這些人們相當的困境，因為這些人還是回到具有偏見的家人與朋友當中（Diener & Crandall, 1978）。

我們可以從以下較關係到心理衛生研究的發現，提供此一問題的例證。憂鬱症病患易於贊同一組「不理性的」個人信念，這信念與他們個人認為必須感覺是好的事物或他們認為有價值的事物相一致（Muñoz, 1983）。許多如此的信念是重視團體凝聚（相對於個人主義式的追求），諸如依賴他人，認為他人感覺重要等等之傳統文化的一部分。讓可能罹病的憂鬱症者重新衡量與其憂鬱症關聯的信念，也許的確可以預防其憂鬱症，但是也可能導致其他的社會

調適問題。同樣的以自我控制為導向的預防方案，可能威脅到家戶內的傳統權力結構，這些家戶中總是由一位家庭成員主控（如拉丁裔家庭）（Muñoz, 1983）。一項介入方案，成功的傳送給個人自我控制的訊息，或許隨而激發他們在家戶中求取更多的權力，試圖增強對自己生活的控制。這些例子都建議，對罹病個人減輕或消除其某些不良的行為、信念和思考過程，可能導致他們質疑其文化環境共享之價值體系中居於核心位置的生活方式或傳統價值（見 Douglas & Wildavsky, 1982）。此一議題正意味著研究者一項兩難困境，緊繞著以下的事實：樣本受試者的生活，可能受到其所在社會脈絡非預期面向的影響。

　　就由於可能造成傷害的副作用，一些人可能建議中止成功的預防方案，但如此並不是對這些議題的適當倫理反應。相反的，改變介入的焦點，意味著研究者可以面對非預期結果的問題，而又不減低對新處遇研究的一種途徑。例如，Muñoz 曾提出建議，並不著重離婚受害者的負面後果的預防，研究應更合理著重的方案是，或在協助高危險群的夫婦達成更完滿的婚姻，或當婚姻有著強烈的失敗跡象時，便提供避免婚姻的方案。

　　有些人面對非預期結果問題的建議是，研究者在考量他們介入方式的時機，要更加小心。Gersten 等人（1979）和 Lorion（1983, 1984）都曾指出，如果介入性研究的設計，能體會到功能與非功能過程的發展史，非意圖效果是可能避免的。預防方案所針對的某些行為，經常都可以在危險和非危險群人口中發現；然而如此的行為在非功能失調的

（nondysfunctional）個人身上，通常都會消失。早期偵測和預防的恰當時機的掌握，有其必要，如此，預防性努力才不致於導致這些過程的中斷，以及過早就判斷某些個人爲危險群（Lorion, 1983）。

對預防性研究非預期結果的考量，提醒我們有必要在執行方案之前從事相當的準備工作。簡言之，若研究者有心運用嚴謹的評估方法在研究案的發展、執行與評估中，包括對問題的仔細的界定，對目標人口的明確區劃，以及對介入時機的適切掌握，那麼非意圖效果可以避免或者減輕。

研究完成後的道德責任

前一節所描述的問題清楚證明了，人類生活是如何的可以受到應用性社會與行爲科學家工作的不利影響。在本節，所評估的是來自於對研究後果的考量，包括在應用情境中對科學知識的運用與誤用。我們的目的是，更加強社會研究者的倫理敏銳感，社會研究者往往都假定，他們的責任止於報告提出之際。

應用的後果

社會與行爲知識有其道德上的模糊，對其結果的呈現

方式，需要能達到最低可能的扭曲與最大機會的社會利益。既然社會研究者知道任何事物都可能用於在他們所能掌控的目的之外，甚至會牴觸他們的價值，因此只有謹慎考慮其研究似乎合理的後果之後，才應當執行。在知識的意圖或非意圖的應用以及有利目標之間的衝突，可以成為緊張的情感上的道德議題，尤其當研究者不用心於明定其探究的限制與意義時，更是如此。

　　一些與科學知識關聯的負面效果，會妨礙研究進展可能純效益的實現（Reynolds，1979）。加之，為科學目的所蒐集的資料，可以用來傷害個別參與者或一群人，有其可能。我們在此關心的是，敏感且有爭議的資料的使用方式，會使個人陷入尷尬的情境，威脅或傷害個人的福祉，或以不合理或危險的方式圍限了個人的自由。

　　科學知識的間接效應之一便起源於，其使用是為著特定的利益而非人類的一般利益，或其使用對所有的人有著一般性的傷害。當更多的方法可以用來控制以下的不良行為，如兒童虐待、強暴、殺人、種族歧視、以及藥癮酒癮，我們也必須承認在控制之下，可能危及人類的自由。當科學知識是由有權者或精英份子去控制弱勢團體，可能是更有害處的，例如當組織運用研究的發現去控制其員工的行動。Kelman（1965, 1968）和 Miller（1969）曾詳盡討論了控制與人類自由之間的倫理兩難。

　　大多研究所容易忽略的不良後果，包括未能運用具實效價值的新措施和步驟。我們可以看到在社會科學中的許多例子，知識之未能運用，只是因為政策制定者和一般大

眾不知道或不了解對他們可能有用處的研究（Caplan, Morrison & Stambaugh, 1975; Kramber, 1967）。我們可以想到的典型例證是，尚未能傳遞給為人父母的有關兒童發展以及各種育兒效果的研究（見 Clarke-Stewart, 1978）。證實具實效的新知識，在普遍接受之前，經常總是要一段時間的。在採用之前這段中介時間，經科學證實的利益其實已經是真真確確的（見 Rainwater & Yancey, 1967）。極其類似的，不去執行某些研究也許違反了科學的最佳利益，原因在於喪失了可能獲致的利益（Rosenthal & Rosnow, 1984），或者，不發表某些研究的結果是不合乎倫理的，原因是，這不合於研究者的價值或信念（Pervin, 1978），不能將研究發現運用在正途，也可能被視為是應該反對的。

科學知識的誤用

科學知識遭誤用，總有其可能，或可歸因於不了解，或是因為無能（Lindblom & Cohen, 1979）。我們可以確定，只要在研究發表時給予特別的注意，說明在應用情境使用研究成果的適當條件，那麼研究者不應當被認為要為其工作的錯誤解讀或了解而負責。不過，以甚至是外行人都能明白的詞彙來說明應用的條件與提請特別的注意，仍不能完全保證研究發現會受到適當的使用。

就科學知識的運用與誤用，我們可以在法律心理學（forensic psychology，以科學方法研究有關法律、司法和矯治體系等問題的心理學領域）中找到好些例證。在法理

研究中，對那些因為其所面對主題的複雜性而不能在他們所面對或他們必須下決定的每一個情境都是專家者，更加上了額外的責任負擔。譬如，在模擬陪審研究中一項適用的步驟是，將受試者帶入實驗室，並要求他們閱讀或聆聽案例的大要。受試者接著個別指陳他們對被告的罪行或該受譴責程度的意見，並且經常被要求衡量罰則或補償傷害。陪審實境的模擬更逼近實際司法程序。在模擬陪審實境中，最低的要求是，受試者被共同的帶入了一個團體，閱讀聆聽或觀看訴訟過程，並且如陪審團般進行審議。從事如此的模擬陪審研究的行為研究者，擔負著額外的責任，要注意到功能上（Bermant et al., 1974）和概念上（Vidmar, 1979）的逼近真實。功能的逼真所關注的是，在類似的輸入條件下模擬者模仿實際陪審行為的程度。概念的逼真所關注的是，所探索的問題相應於法律觀點所觀察的問題，其符合的程度。兩種考量都反映著對推論的倫理上的關注，亦即研究者有其責任，指出所獲得的變項間關係的侷限，以免這些變項關係遭不當的使用或不正確的解釋。

當我們觀察模擬陪審研究，注意到有關推論範疇的倫理，就引發了重要意涵。Vidmar（1979）和 Meehl（1971）曾批評從事陪審模擬研究和在法律脈絡中研究的心理學家，認為他們在未完全明瞭議題複雜性之下，便過度推論，或對法律體系提出批判。在他們的論點中就意味著對這種傾向在方法論後果上的關切。Dillehay 與 Nietzel（1980）更進一步說明方法上所關心之處，他們建議，在實驗室中的顯著效果，在應用情境可能沒有什麼或根本就沒有實效。

假如研究者在倫理上有責任明確提出限制其研究推論範疇的條件，那麼隨即浮現的是，所有的模擬陪審研究應當有所說明，澄清其研究在功能與概念逼真的程度，不論法庭是否會運用其結果。如果研究未符合功能與概念逼真的最低標準，研究人員可以避不用在法律實境，以避免如此的責任。

　　大多數模擬陪審研究報告，並不明確區分實驗方法與實際法律程序的差異。然而，如 Vidmar（1979）指出，這些差異是實質的。例如，最高法院決議支持減低民事陪審的人數（Colgrove v. Battin, 1973），所根據的，部分是一項模擬陪審研究，比較了 8 個 12 人的陪審團和 8 個 6 人陪審團。三項不具顯著差異的假設，事關裁決、研議的時間、和每一陪審團所討論的議題數目，都未遭拒斥。這比較並未討論，樣本太小時統計檢定不具區別力，同時也警告無知的讀者，不要將如此的結果解釋為 8 人和 12 人陪審團之間並無差異。

　　法理研究的不當運用的其他例子還包括以下的作法，想用社會科學調查和態度測量程序，透過以科學方式篩選陪審員來影響陪審的決定（Reynolds, 1979; Saks, 1976）。在如此的程序中，陪審員候選人並未經任何方式的直接試探或接觸；他們只是與態度和意見已知的其他人相比較。雖然也用到如測量權威特質等的人格測量，這樣的比較往往是一種人口特質的比較。好幾位社會科學家曾強調，在審判過程中選擇陪審員的階段便參與法庭運作中，是合乎倫理的（Fersch, 1980; Nemeth, 1981; Saks, 1976）。例如，

Saks 建議，社會科學參與審判過程是合乎倫理的，因為多年來律師都曾嘗試（雖不恰當）選取有利於其案主的陪審人，並且有可能成功的作法的出現，並不會突然將一項合乎倫理的目標轉變成非倫理的目標。

　　研究取向的社會科學家之參與法庭事件，引發了一些重要的疑問，事關研究者接受抗辯性角色的情境。在美國的法律體系，上述的角色是由法規與習俗所指定。雖然抗辯者有責任說實話，但也同樣有責任在最有利於案主的角度去呈現此個案。沒法這樣子做，就是違反法律專業的倫理（Freedman, 1975）。研究者踏入了法律（或其他）舞台，除了服膺自身的專業標準外，還必須循法律專業的倫理。不幸的，應用科學家經常缺乏足夠的倫理指引以執行其應用性活動。對陪審研究者而言，主要的倫理關心，其爭議只在美國心理學會最近有關犯罪體系倫理的出版品中簡略討論（Monahan, 1980）。原因在於，對行為科學家而言，在犯罪司法體系的其他領域有著更迫切的倫理兩難困境。

　　專業指導原則的匱乏，可以由以下的事實更進一步證明，應用性研究者所在的學科都沒有正式的倫理規條。譬如，在法理範疇就對科學研究未給予清楚的指導原則。美國律師協會與美國犯罪學會，在陳述對人類受試者和其他與研究作為相關的議題，都缺乏明確的倫理規條。不過，此二組織的確都界定並規定了倫理的與負責的專業作為，關係到案主、公眾和專業同仁，並且二者都提及有益於知識成長的重要性。對各種專業協會與投身於保障人類受試者的公共利益組織，Bower 與 de Gasparis（1978，附錄A）

曾編纂它們在倫理規條上的簡略說明（或註明缺少的說明）。如此一來，其記載就代表著對應用性研究的寶貴資源。更晚近的專業團體倫理研究中心（Center for the Study of Ethics in the Professions, 1981）備有涉及相當廣泛專業領域的倫理條目彙篇（附有如何取得此一彙篇的資訊）。

應用性社會研究者的職責

在科學發現的運用與誤用上，有關社會科學家的倫理責任，在科學社群中仍意見分歧。雖然似乎是有關所產生的知識對社會和人類所應負的責任，社會科學家目前的感受要強過往昔，並且也越來越參與決策的過程，但是職責的歸屬絕不是相互認知且清清楚楚的議題。對新的或既存知識的使用或未能運用如此的知識，其有關的負面效果的責任，隨著所衍生效果的性質而異（Reynolds, 1979）。例如，研究者將可能有益的知識把持不放，按理應當為所流失的利益在道德上負責。當然，若研究者有賴更進一步的確證而不公開資料，則不必如此。相反的，知識的不當使用，為科學社群及相關的應用專業所廣泛接受者，其責任則主要歸諸該應用的專業人士。

依據 Reynolds（1979），若是未能告知決策者隨著知識的應用而來的已知的負面效果，或是對立基於描述特定人群的資料的研究發現未能提供適當的解釋，如此的情況下，則應當認為研究者對社會知識的負面效果負起責任。對此感興趣的讀者不妨參閱 Reynolds（1979, p.371-381）的

著作,其中對創造原初知識的科學家應不應負責的其他情境,有著廣泛的分析。

摘要

　　不論其研究工作是理論或應用的,人們總不能期望社會研究者有其最大的智慧去評估並預測其研究的可能用途。加之,相當可能的,研究者對其發現在社會中有所偏誤,也無能爲力去防範,就如在一些事例中,懷有偏見的個人運用符合其信念的研究結果,以支持具歧視性質的政策(Pervin, 1978)。縱然沒人能保證研究發現未來都不致產生反面後果,但是有些機制可以用來控制或減輕科學知識的負面效果。一開始,研究者應該對其研究發現在應用上做出最佳的可能預測,他們應該選擇一種探究的作法,而這作法有助於保護研究所針對的一些人。將新資訊傳布給最廣泛的可能對象,會減低權勢團體運用如此的知識於自身福利或傷害社會中弱勢團體的可能性。廣泛報導研究成果也可以促使社會能更好的絕緣於可能的誤用。

　　如果研究者始終警覺於避免對研究發現過度急迫的結論或錯誤解釋,並且努力於預防如此的結論,知識應用的濫用可能減少。或許,對研究發現早期公開的一些方法,較其他方法更合乎倫理(Bermel, 1985)。一些社會研究者可以採取較非科學的角色,寫信給立法者或有關機構,將

科學知識的有利與不良運用告知決策者、公眾和他們的學生（Diener & Crandall, 1978）。最後科學家可以透過科學的與科際的組織（如美國科學促進學會，這些組織將科學知識傳遞給大眾並提供政策相關議題的論壇）並且透過遊說協會，對他們所產生的知識擔負起集體的責任。

問題討論

▸ 思考一下第 4 章和第 5 章的問題討論。Mirvis 和 Seashore 的研究角色系統的探究，如何可以用來解決他們的個案中所面臨的角色兩難困境？

▸ 個案研究：最近有位研究者得到經費補助，進行酗酒的研究。她在幾個實地情境中測試一些由複雜的理論模型推論而得的假設。現在她又得到支助機構的通知，有意繼續給她經費持續進行該研究，但以她直接應用成果於防止酗酒為條件。當她抗議，她的研究結果仍需要確證和進一步的工作，以改進理論模型與導出的假設，於是她被告知將不再提供此一研究經費。因為大多數其他的經費提供來源都轉向直接應用與「結果」，她害怕如果她不接受這筆經費，就會被取消研究的資助。

假如這位研究人員，在知道其模型未精進到足以冒施行之險下，應當拒絕接受此筆經費嗎？或者她在知道拒絕

就意味著可能喪失所有的進一步資助的希望，而應該接受
這筆經費嗎？

推薦讀物

American Psychological Association. (1975). *Standards for providers of psychological services*. Washington, DC: Author.

Bowie, N. (1982). *Business ethics*. Englewood Cliffs, NJ: Prentice-Hall.

Corey, G., Corey, M. S., & Callanan, P. (1984). *Issues and ethics in the helping professions* (2nd ed.). Belmont, CA: Wadsworth.

Lindblom, C. E., & Cohen, D. (1979). *Usable knowledge: Social science and social problem solving*. New Haven, CT: Yale University Press.

Lowman, R. L. (Ed.). (1985). *Casebook on ethics and standards for the practice of psychology in organizations*. College Park, MD: Society for Industrial and Organizational Psychology.

Wildavsky, A. (1979). *Speaking truth to power: The art and craft of policy analysis*. Boston: Little, Brown.

7

態度與價值承諾

價值的角色，以及價值對專業內倫理責任、客觀評論和既得利益的意涵，最近成為社會與行為科學裡受到相當注意和爭論的課題。逐漸增多的研究建議，人們在其綜理對研究的倫理評鑑時，有其系統的差異。如此一來，對有關特定研究的倫理接受性，我們無法期望能達到完全的共識。本章在考量如此或相關的議題著重在倫理的決策以及對社會研究客觀的同仁評論的倫理決策與威脅。我們強調研究主持人的解釋能帶入其他人的判斷，是值得鼓勵的，並且對減少評鑑研究的倫理接受性上來自個人差異的可能偏誤，提供一些建議。

社會研究中價值的角色

　　貫穿大多數現有的專業倫理規章和政府倫理標準的共同線軸，在於以下的認識，即引發倫理爭議的研究的正反意見，每一個個案都交織著多少是不同的平衡考量。如此的成本效益探究途徑導致的建議是，倫理衝突與道德的兩難困境，在研究的執行上，是無可避免的。根據指導原則與實際應用，成本效益分析引起了一些問題：其運作機制必須經檢試、再檢試，並且在新的與不同的情況都要給予評核。在成本效益分析的經驗缺陷上（包括在試圖預測並量化成本與效益所可能產生的問題），還可以加上：研究者在決策過程中的利益衝突。有關一項研究的正反特質的判斷，所操之於其手者，既是相信研究的價值者，又是從有利裁決中得到最大利得者。此一問題又因以下的事實而更加重，即研究者對倫理傷害所提出的解決方案，很經常都簡約到根據個人道德觀點的個人意見的陳述（Schlenker & Forsyth, 1977）。於是，前幾章所提出的各種倫理與方法考量的客觀評價就會受到威脅，要看科學家所採取的探究途徑反映了多少他自己的態度和價值投入。

　　有關價值的問題在社會介入研究中尤其重要，例如，這些研究經常都代表著科學家企圖改變他認為可能有害於特定個人或威脅整個社會的模式。人們對所標定要改變之問題的界定，可能是他們所認為是理想情境的直接反映。價值勢必在研究過程的各個階段都介入研究之中：始於決

定社會問題存在與介入之必要，根據設定的原因與可能的解決對問題加以界定，以及為標定的改變而確認並選擇研究參與者（Warwidk & Kelmen, 1973）。最後所產生倫理問題，著重在到底科學家有多少權利強施其價值——即設定目標並選擇方法，企圖影響人們的生活，這些人或許並不希望改變他們的行為與生活經驗，或者不知道在這過程中對他們究竟發生了什麼（Redlich & Mollica, 1976）。

假定個人的價值、態度、個性和其他的特質，或許多少會影響社會科學家對困擾其研究倫理問題的解決方式，所反映的是倫理決定的主觀面，此正符合當今對科學行為的一般描述。許多社會科學研究中，所生之善是否凌駕於惡，並非截然分明。人們所取決的平衡，部分有賴於一些心理和主觀的因素。倫理決定和道德判斷可能受到研究者文化與個人的特質、利益與價值的影響（Diener & Crandall, 1978），並且由功利取向倫理標準所指導的客觀方法學，並不總是能克服與個人決策相關的一開始便帶著的偏誤（Frankena, 1973）。

倫理決定與道德判斷的主觀層面

最近，科學被視為「價值中立」工作的概念受到嚴重的挑戰，並且人們提出一些重要的問題，有關科學探索、客觀以及科學家的價值與信念之間的適當關係（例如：Fischer, 1980）。立基於科學價值中立觀的假定，遭批評為有問題的情形，是穩定增加（見 Holton, 1973; Koch, 1981;

Polanyi, 1958）。一些人曾檢驗科學家的價值及信念體系，追究其在以下各領域的意涵，包括社會政策、政治、經濟與生活型態與品質（例如：Bazelon, 1982; Kiesler, 1980; Krasner & Houts, 1984; Sarason, 1978, 1981）。結果，這些分析都爲長久圍繞科學學科的價值中立，揭開了面紗（Krasner & Houts, 1984）。

　　科學的傳統觀點主張，認爲會影響研究僅有的價值，就是重視真實與客觀方法論的科學價值（Weber, 1949）。此一觀點所設定的是，個人的價值與科學研究完全割離。與如此的科學描述關聯的，科學家的公眾意象，總幾乎是強調其工作的客觀性，以及對他們沒有感情意義的現象，所呈現的冷靜、超然、不涉感情、不涉偏見的觀察（Roe, 1961）。不過，Merton（1973）、Mitroff（1974）、Mahoney（1976）和其他一些學者，也都批判的檢測對科學家的這種普遍的刻板印象（即客觀性的典範和真理的不帶感情的提供者），同時記載了相當不同的科學行爲。

　　Mitroff（1974）進行了一系列的對著名地質科學家的廣泛訪談，這些科學家在阿波羅登陸月球計畫之前，曾熱衷於有關月球的不同的假設。他的研究清清楚楚指出，這些科學家受試者，經常是有偏見而且武斷，當他們在阿波羅發現廣爲人知之際，拒絕改變他們的假設，同時還質疑與他們假設相矛盾的資料。事實上，這群地質科學家本身都一致同意：認爲科學家是客觀、不帶感情的觀點，是純真的。爲科學內情感取向與情感投入而辯護，Mitroff 曾強調，科學家的感情趨使他們投入探索並有助於他們的堅定

不移。依他的意見，科學中的發現緊密結合著強烈的心理情緒與熱衷的投入，這些都維續著科學探索的過程。

　　反映著 Mitroff 的觀點，Mahoney（1976）曾推想，研究者的情感，只要是發自知識的動力，如對知識的好奇與渴望，都應該予以喝采。可是相反的，Mahoney 對科學家刻板印象的批判，主要側重的一組特徵，可以追溯其心理社會的根源，而非知識上的激力。這些特徵所陳現的科學家的圖像，如「經常是自私、野心勃勃的和個人認知與領域的傲慢護衛者」，在其實驗研究中往往是選擇性的、圖方便的，並且不能免疫於對資料的扭曲（Mahoney, 1976, p.6）。

　　根據 Mahoney，經常被忽略的可以溯及心理社會動機的情感，或許會激起研究者一些最不受人景仰的行為。譬如，求取對個人的認可（常被稱作是在科學界中一種優先種族的後果）有時會關聯到倉促的研究與發表，以及在實驗與概念的冒險。再者，個人的動機有時也影響科學家，選擇性的尋找並接受支持其觀點的資料，忽略或排斥不合其觀點者。同仁認可可能導致危險的自我陶醉，威脅到事先的謹慎與自我檢驗，並且使得上述的不良的結果更加可能發生（Cole & Cole, 1973）。

　　以主觀性與情感取向為特徵的科學行為，對倫理決定與道德判斷，有其重要的意涵。在情感上涉入且熱衷於研究以獲得個人的利益和知識的增進，研究者或許有意無意之間，便在研究進行中孕含著可受質疑的倫理。熱烈投入研究，就意味著研究者是客觀倫理分析的不可能來源（Diener

& Crandall, 1978）。許多科學家在隨著研究的進程而越來越接近下決定之時，傾向於高估自己的工作，而低估潛在的傷害。當然很可能的，主觀因素影響個人的成本效益評估以及其他的倫理決定，其方向與程度則因研究者而有極大的差異。

倫理決策的研究

關係到對社會與行為研究的倫理決策與態度的研究，建議說，某些研究者科學之外的特徵或許會與倫理的不同立場有關，或者會影響所採用倫理決定的類別。例如，雖說對影響道德判斷的研究甚是缺乏，最近的一些研究工作則建議，心理研究的倫理議題，緊密的聯接到心理學者所擁有的更一般的倫理立場。Schlenker 與 Forsyth（1977）進行測量，到底兩項互相矛盾的探討服從權威的實驗，受到倫理意識形態影響程度為何。學生受試者就 Milgram 的服從實驗（在此實驗中命令受試者對無辜的受害對象施行電擊），或 West、Gunn 與 Chernicky（1975）的實地實驗（該實驗要求受試者參與如水門案件般的偷竊行動），閱讀其一般程序與結果的描述。接著要求受試者判斷上述實驗在倫理上的可接受程度，回答一系列相關問題。每位受試者又另外填寫一份設計以評估個人道德哲學差異的倫理立場問卷。其發現部分的顯示，評判者的意識形態決定了，他對研究成本效益的看法與道德判斷之間的關聯程度。目的論者（他們仰賴行動的結果判斷其道德性質）給予科學利

益的分量相當大；道義論者（將倫理判斷立基於毫無例外的普遍道德規則）則給予參與者的分量相當大；懷疑論者（他們拒斥特定的倫理原則，並假定未受侵犯的道德規定是無法條理出來的）給予二者的分量都相當大。

Schlenker 與 Forsyth 提出他們的理論，認爲人們在（1）對結果的品質與重要性的評價上；（2）進行道德判斷時對普遍性倫理的依賴，都有所歧異。兩組兩極因素，在受試者回答問卷中有關心理研究的道德判斷的題目時，顯示出來，第一組所對應的是有關結果的觀點（理想主義相對於實用主義），第二組則強調普遍性道德原則（相對主義相對於規則道義論）。這兩個面向產生了對倫理意識形態的二乘二的分類體系，並且指出，個人也許選擇四種取向之一進行道德判斷，所依賴的是，他們宣稱的是理想主義的或實用主義的價值，以及相信道德判斷是普遍或相對的（Forsyth, 1980）。Forsyth（1980）曾報導他更進一步的成功的研究，運用道德立場的分類體系去預測受試者對他人道德性的判斷（例如，那些認可不同倫理意識形態者，在強調好與壞的結果上，道德判斷的整體嚴格程度，以及對說明理由的開放程度，也都有所不同）。

其他類似的指標也顯示，研究者在解釋或解決倫理問題上，有系統性的差異。West 與 Gunn（1978）曾強調，在對人類性質的知覺上，人文取向的心理學家與實驗取向的社會心理學家，對實驗欺騙手段長期效應的評估，有著根本的差異。相對於人文主義者，實驗社會心理學家似乎視欺騙的效應是短期而過渡的。這建議：來自行爲科學家倫

理立場的效應，會延伸到研究者爲科學的目標而堅持的方法論與知識論（見 Krasner & Houts, 1984; Miller, 1972; Sieber, 1982a）。對欺騙手段的人文取向批評，傾向於選取角色扮演的方法論，視實驗者與受試者共同參與一項合作性活動，而爲「共同探究者」。傳統的實驗主義者偏好將實驗者與受試者清楚區分，並且他們傾向於認爲角色扮演的設計爲，缺乏實驗情境以外的推論性。Sieber（1982a）曾提議，人文取向研究者與決定論取向研究者可能在其社會研究中遭遇不同的倫理困境，而決定論與人文論探究取向的融合也許是解決倫理兩難所必要的。

在有關倫理決策上個人差異的研究中，Hamsher 和 Reznikoff（1967）系統的以康乃迪克州的心理學家樣本，針對在研究與研究所訓練的五項倫理議題，測試他們態度與感情：（1）壓力的實驗運用；（2）在研究所訓練中對倫理的強調；（3）對研究的外在控制；（4）倫理的相對重要性，以及（5）對受試者同意的強調。他們的分析著重在心理學家對所引發的倫理議題的感想，以及他們的情境或背景的那些方面由不同的回答反映出來。此一研究代表著對科學家的值價與慣常作法之間矛盾的經驗決定。一般而言，那些從不執行研究者相當強調倫理議題，而那些只做研究者，則顯示相對的不關心倫理議題。例如在用於實驗的時間以及反對使用壓力在心理實驗上，呈現著相反的關聯。只有那些很少或從不參與研究者會認爲壓力情況是倫理上有問題的。加之，女性較諸男性更關注倫理議題。

Hamsher 和 Reznikoff 也報導，受訪的專任研究者較其

他的研究者更反對外在的規定（external regulation）。此一發現與衛生與人類服務部晚近有關機構評審委員會所得到的調查資料，多少是相契合的（DHEW, 1978）。這調查所包含的是，比較行為與社會科學家以及評審委員會成員對評審程序和委員會的態度。大多數研究者和委員會成員，對有關人類受試者的權利與福利，科學研究品質的改進，與所在機構評審過程的效率等，正面看法要多過負面看法。不過相當實質的少數研究者，與委員會成員相反的，他們感覺，評審過程是對研究者自主的不當的干涉，並且，典型的評審委員會，某種程度的涉入並不適合機構評審委員會功能的領域，下了一些並不合格的判斷，以及阻礙了研究的進行。

很可能如 Hamsher 和 Reznikoff（p.204）所推測的，研究者經驗與其對倫理問題興趣之間的反向關係，「或許反映著未親身參與者的較大的簡單化，但反之它也可能是由於研究者『死硬』的科學主義。」可是，這或許也是強烈投入研究的行為科學者視之為對他們自身科學進展和學術自由的障礙。

在複製並延伸 Hamsher 和 Reznikoff 的一項研究中，Kimmel（1983）調查了 259 位美國心理學家，試圖判斷到底有關成本效益評估的倫理決定，可以由評估者的背景資料預測的程度。這些考慮到的背景變項包括，人口特質（性別、年齡），與訓練有關的背景特徵（最高學位、學位專長、取得學位後的年數），以及反映專業經驗與工作的特徵（執照地位、主要領域／專長、在各種就業活動中的工

作時間、以及與美國心理學會關聯的性質與歷史）。受試者評估行為研究中 18 個例子的倫理可接受性，這 18 個例子在成本效益上的程度不同。其分析顯示，某些背景特徵較其他的特徵，在預測對研究的倫理可接受程度的評估上更為重要。在倫理評價上傾向於更支持者（因而意味著對研究利益更大的重視）是（1）男性；（2）取得最高學位的時間更久；（3）取得在基本心理學領域（如社會、實驗、或發展心理學）的學位；（4）受雇於研究取向的環境。在其判斷上傾向於不贊成或反映著保守主義者（因而意味著較著重研究成本），是那些（1）女性；（2）擁有學位的時間較短；（3）取得在應用心理學領域的學位（如諮商、學校或社區心理學），以及（4）受雇於服務取向的環境。

在倫理評價上，女性與服務取向者比起其他的心理學家，顯示較低的贊成態度，可能的解釋是，他們對他人的需要的敏感度更高。譬如，他們可能在評估情境中，知覺到受試者為研究的可能「受害者」。這些評估者或許一般而言對科學，且特定的對行為研究，比起男性與研究取向的心理學家，似乎抱持的關心程度較低。另一方面，工作於研究取向環境的心理學家，無可置疑的，對科學研究的潛在優點擁有相當的信心，認為研究心理學家從事於有價值的事業，並且也會認為他們的研究不致引起明顯的傷害。他們之獻身於行為研究的目標與過程，可以解釋他們對研究利益的強調。類似的解釋可能說明以下的發現，即最高學位的一般領域為倫理決定的重要預測因素。在基本的心理學領域取得最高學位者較應用領域者，在判斷上更傾向

應用性社會研究的倫理與價值

於贊成的態度，也可溯因為這些心理學家在訓練經驗上所塑造的專業和科學的價值。受基本領域訓練者，無疑的更可能堅持的觀點是，行為科學本質上是合乎倫理、價值中立的，因而導致他們可能低估了不良的研究效應。然而持應用訓練背景者，或許更易於反對那些似乎不利於他們所確認的研究參與者的研究。最後，資深心理學家在研究評估上的贊成傾向，我們可以解釋為，由於他們很知道在堅持嚴格的倫理標準之下執行人類研究的方法困難度，他們明顯的不願嚴格的去評斷他人的研究。相對而言，資淺的評估者，他們可能經歷在倫理判斷上的矛盾與不確定，他們可能的補求方式，則是增強在決定上的警覺和保守心態。

綜合言之，倫理決策的研究證明了，人們在綜理他們對研究的倫理評價上，有著系統的差異，以及對特定研究而言，完全的倫理可接受性，似是緣木求魚。

既然人們在研究的倫理判斷上傾向於有所差異，決定要廢止某種類型的倫理委員會評估者的服務，長期而言，並不是最恰當的作法。縱然社會科學家對潛在於人類受試者研究的倫理兩難，變得越來越開明，但男性與研究取向的評估者較支持研究，女性與服務取向的評估者較不支持，仍舊未曾顯示太大的改變。此一發現與以下的期望相反，即對研究受試者權力的增進的敏感度以及科學中往日的濫用，會造成決策者朝向保守的轉變（見第 8 章）。這也反映著在社會科學中仍缺乏倫理的共識（見 Atwell, 1981; Holden, 1979）。

同仁評審的意義

　　從前一節所回顧的研究觀察，不足爲奇的，在對研究的贊成與不贊成，以及贊成與反對的理由的決定上，在機構評審委員會之間對倫理與方法標準的評價，顯示了實質的不一致。例如，Eaton（1983）發現，有經驗的評審者同意約 111 件研究計畫的適當性（在對待人類受試者上），只是十個月期間計畫案數的 8%。不過 Eaton 研究中的評審者並不組成實際的評審委員會，而只是這些研究計畫提出的心理學系的其他成員。在以實際的人類受試評審委員會爲對象的研究中，Goldman 和 Katz（1982）調查，在設有醫學院的主要大學的 22 個機構評審會之中，同仁評審的適切度。調查中要求這些機構評審會根據他們的標準程序，對三件醫學研究草案加以評審，並解釋他們決定的理由。每件計畫都存在著嚴重的倫理議題，包括研究設計的瑕疵，以及不完整的而且違反聯邦規定的同意表。所預期的是，不同的機構評審會對同一草案將達到相似的判斷，並且會應用同樣的標準。然而結果顯示，雖然在機構評審委員會之間對他們不同意所審的三件計畫的地方有其一致性，但（1）在支持同樣的決定時理由不同；（2）在倫理、方法論和告知同意的標準上，呈現實質的不一致。

　　22 個委員會似乎都提出方法方面的反對，但只有 9 個提出在設計上的修正，或以倫理的立場提出不贊成意見。方法論上刻意的缺陷，包括在原始草案中因爲不適當的隨

應用性社會研究的倫理與價值

機選擇病患，治療與控制團體間缺乏比較基礎的危險，大部分都未經觸及（不妨想一想，研究計畫方法的各方面，代表著評審會在成本效益判斷上的重要成分。設計不良的研究，不可能增添任何科學的貢獻，並且因而甚至不能彌補受試者最低的成本。在目前與往昔的衛生與人服部的指導原則下，允許機構評審會對提出的計畫進行科學審查）。

雖然大多數的評審會都在同意表中發現問題，但他們的反對或反映卻似乎未顯現任何的模式。有些評審會要求就執行治療和測量效果的實際程序提供更多的說明，而其他的則尋求對保密步驟的澄清，對可能利益和危險更完整的解釋，或者對替代的醫學治療更明顯的比較。其他的差異都明顯見於對這每件草案在特定倫理和方法上的反對看法，更進一步證明機構評審委員會對同樣的研究計畫，反應的方式各異其趣。簡言之，在他們對倫理問題的評估上，差異相當清楚，並且有著實質數量的評審會，通過了不該接受的研究設計。

雖然得自 Goldman 和 Katz 結果呈現的是，機構評審會在對方法上有缺陷和和倫理上有問題的研究，太過縱容，其他對同仁團體的調查卻顯示了相反的情形。Smith 和 Berard（1982）發現，儘管評審委員會間具清楚的差異，但評審會的成員，整體而言，較研究者或可能的受試者都更為謹慎。在他們的研究中，由學生受試者扮演機構評審會成員的角色，並且要評估 Asch（1955）有關順從的典型研究的適切性，在該研究中受試者受到欺騙。學生擔任評會成員時，比他們只任研究參與者角色，傾向於提出更限定的判

斷。同樣地，Sullivan 和 Deiker（1973）以及 Rugg（1975）都發現，大學生，他們是最通常用來作為心理實驗的參與者，對實驗程序（例如，涉及壓力、生理痛苦、危險，以及對他們自尊的威脅）的倫理可接受性，比起專業心理學家，一般都較不嚴格。

對評審委員會決定中個人價值所扮演的角色，在最近的一項研究中，Ceci、Peters 和 Plotkin（1985）要求 157 所大學的評審委員會對一些假設的計畫進行評審，這些計畫對研究參與者的處遇或治療都相同，但在社會的敏感度和倫理關注程度上，則有差異。研究中發展了 9 個樣本研究計畫，描寫的是有關雇用歧視的調查。這些計畫都展現三種社會敏感度之下倫理問題三種層次（欺騙手段的運用；使用欺騙的手段，再加上未能對受試者參與之後給予詢問的機會；依據 1981 年的衛生與人類服務部的準則，未出現任何技術上的違犯）中的一種。社會敏感度的不同層次，包括：在公司雇用作法上對少數民族和女性歧視加以檢視的研究計畫，記錄在公司雇用中對白人男性反歧視情形的計畫，以及，不具敏感性的，對肥胖者和矮小者在雇用上受歧視（不提及性別或種族的事情）的研究計畫。

每一個機構評審會都接到一件計畫案，並被要求提供如平常般的評審與裁決，還附上對他們討論的文字說明。研究的發現是，社會敏感度高的研究比起敏感度低的計畫，被評審會拒絕的可能，達兩倍高。社會敏感度高的計畫顯然不受到倫理問題是否存在的影響，它們不論是否有著危犯詢問情形的欺騙手段，同樣可能遭到拒絕。對涉及倫理

問題（如欺騙）的敏感計畫，遭到拒絕的首要理由，傾向於是倫理違反的本身（即欺騙）；於對未涉及倫理問題的計畫，不被贊成的經常理由則是方法上的，如選擇控制團體的不恰當。對敏感計畫雖然未具倫理上有問題的程序，仍遭到拒絕，Ceci 等人的解釋認為是以下情形的反映，即評審委員會運用他們所最方便的原因，辯護他們對一般社會可能反對之研究的不贊同。

　　根據上述的發現，Ceci 等人結論，機構評審委員會成員的意識形態，對有關社會敏感的研究計畫的評審決定，似乎扮演著關鍵的角色。與聯邦命令相反，對提議的計畫的社會政治結果（如對反歧視行動，Affirmative Action，政策的不信任），似乎滲入了評審者的倫理分析。因為有著同樣違反情形的同一類型的計畫，在某一機構得到認可，在另一機構則否。Ceci 等人建議，運氣或許有時關係到研究計畫的通過與否，尤其是具社會敏感性者。換言之，有利的決定，單純的只因為一個人提送計畫評審時所在的工作單位罷了。如此情況，其理由是與制度的差異有關，諸如評審委員的組成（例如，他們代表著理論的或臨床的學系，自然或社會科學等等），大學對聯邦或州政令回應後的政策，或委員的宗教教條。

　　機構評審會最初是根據美國衛生與人類服務部的政策與規定而設立的，在求能保證研究者會顧慮人類受試者的利益，視之為社會科學研究的重要且正式的階段。雖然可以預期機構評審會之間的差別（例如，因社區價值差異所造成的），在確認他們於評審過程中可以達成其目標時，

一致的決定是根本的。不過，許多倫理評審會都彰顯的內部不一致，意味著評估人類研究適切性的完全模式仍然未受採行（Goldman & Katz, 1982）。

有些人強調，倫理評審的可靠性並非本來就有其好處，也不是值得努力達成的。例如，Doob（1983）相信，機構評審會應當為其成員（作為不同社區價值的代表人）提供論壇，讓他們對有關人類研究的可接受性呈現多樣的意見。根據 Doob，評審會成員間高度的一致同意，並不是件好事，原因在於他們「反映著不當抽樣下的觀點」（p.269）。然而，此一觀點並不見得有利於研究者或社會的最佳利益。就如，當一項計畫被拒絕或修訂，只因為少數過度謹慎或有偏見的評審委員的關心（Ceci et al., 1985）。

縱然大部分的社會科學家似乎都原則上接受同仁評審的概念，我們卻看到對評審過程實際運作似乎逐漸增加不滿（Ceci et al., 1985）。除了差異性、不可靠情形與評審者價值所扮演的角色之外，機構評審會也因其漸增的官僚性質（Pattullo, 1980），高成本（Cohen, 1982），以及對研究者課題的影響（Glynn, 1978），而遭人垢病。由於社會科學家不斷疑忌、敵視的看待評審過程，導致研究者與機構評審會之間的衝突，甚至當所有各當事人都努力於達成共同的目標時，亦無可避免。因此明顯的，為求同仁評審能提供因為沒有如此的評審而會欠缺的保障，必須在研究者與機構評審會之間建立起相互增強的關係。為求此效果的形成，所有相關的決策者都必須共同具備，改進評審過程的溝通層面的責任感。評審委員會的成員能夠澄清模糊的

應用性社會研究的倫理與價值

指導原則，並且一直能將不熟悉的規則完整的知會研究者。接著，藉著對尋求可能是敏感資訊的研究，提供危害受試者的適當資訊，研究者可能避免與要求更多訊息的機構評審會之間的後續衝突。

　　Tanke 和 Tanke（1982）曾建議幾種方法，可以讓機構評審會和研究者用來減少彼此間溝通的問題。例如，機構評審會可以藉訓練課程，與其他機構評審會交流，引介並應用與倫理決策相關的研究成果等，為其成員熟悉評審過程而舖路。同樣地，研究者可以一些方法協助評審過程，如熟悉當前的倫理標準與評審原則，將倫理納入研究設計中，執行合乎受試者利益領域的研究。事實上，在透過社會科學研究服務社會與人類研究參與者，機構評審會的教育功能要更勝於其目前的規約功能（Tanke & Tanke, 1982）。

摘要

　　在人們綜理其對研究的倫理評價的方式上有著系統性差異的情況下，就特定研究的倫理性要求完全的共識，猶如緣木求魚。然而，假如對影響有關倫理決策判斷的許多因素的相對重要性，我們可以在往後的研究（如個人人格差異的影響，早期經驗與社會化的影響，道德意識形態，被評估之研究的主題與內容，機構價值對評審會成員的影響等）加以列舉、澄清並衡量的話，那麼社會研究者或許

能夠有效處理其倫理兩難，並且透過推論與訊息充分的討論而獲得更完滿的了解。

問題討論

▶ 在你的領域中，找一個引發倫理議題的研究。就此研究撰寫一份簡短的摘要，並提請一個除自己外再加另外四人形成的小組加以評審，他們每個人也提出有關一個研究的摘要。以機構評審會的角色，此一團體會贊成或反對這些研究，或者會建議研究設計或程序的修正？要注意能辯護你自己的決定。

▶ 撰寫一篇短文，說明你對目前機構評審過程的意見。你認為機構評審會有必要存在嗎？或者你認為它們意味著對社會科學進展的嚴重障礙？

推薦讀物

Cooke, R. A., Tannenbaum, A. S., & Gray, B. (1977). A survey of institutional review boards and research involving human subjects. Appendix to *Report and recommendations: Institutional review boards*. Washington, DC: The National Commission for the Protection of Human Subjects of Biomedical and Behavioral Research, U.S. Department of Health, Education, and Welfare.

Lowrance, W. W. (1985). *Modern science and human values*. New York: Oxford.

Mahoney, M. J. (1976). *Scientist as subject: The psychological imperative*. Cambridge, MA: Ballinger.

Merton, R. K. (1973). *The sociology of science: Theoretical and empirical investigations*. Chicago: University of Chicago Press.

Tanke, E. D. & Tanke, T. J. (1982). Regulation and education: The role of the institutional review board in social science research. In J. E. Sieber (Ed.), *The ethics of social research: Fieldwork, regulation, and publication*. New York: Springer-Verlag.

8

結論與建議

　　本書的主要目的之一，在於對擔當應用性社會研究者
角色者引發其倫理敏感度——幫助澄清在如此角色或許會
面臨的各種的倫理問題，以及一些可以用來思考適當的行
動途徑的探究方式。一些特定方法上的建議已經融入前面
的章節，希望許多社會研究過程中所引起的困難，是在有
效而客觀的方式下加以處理，或者就可以完全避免。為達
到此目的，本章就社會科學研究中未來的倫理進展，提供
一些一般性的建議。

　　倫理決策既不是完全理性的，也不是毫不休止的工作，
並且甚至在對既定情境相關議題經過相當思考後的判斷
下，對研究者後續的行為是否合乎倫理，還是有著疑點。
Jerrell 和 Jerrell（1985, p.73）曾將評估研究中所潛存的道
德與倫理根源比作，雖然研究者可以沿途「藉助於手邊的
地圖並注意路標」而相當安全的渡過，但卻是「每一轉折

處就是茫茫一片流沙」的地方。此一類比似乎不只可用於評估研究，也適用於其他形式的社會研究。當然，儘管可能樹立起指引和警告標示，以協助研究者在倫理上的選擇，但如此的標記，對特定的兩難困境，卻不見得完全合適。這些困境本質上就是複雜、分化，而且可能源自於競爭的價值。

當我們在應用情境繼續前進，我們可以預期逐漸豐富的記錄，有些記載的情況是，某些介入的手段成功於減低某些社會問題（或改進了人類的狀況），有些則描述著因介入手段而可預期的副作用。未曾進行適當的研究，就永遠無法決定介入的手段有益與否。

總結的說，我們提出以下的五個建議，以供指引應用情境中合乎倫理的社會研究的未來：

1. 研究受試者應該被認為是另一「計畫贊助機構」，他們提供寶貴的時間，使我們回報以產出有價值的科學知識。為求能合乎倫理的進行，很重要的是，研究者能牢記於心，他們的首要責任是在於那些提供合作且參與研究過程者，並且這些人的利益，在研究計畫發展的準備階段，是必須優先考慮的。研究者強加其研究架構於受試者所引發的許多問題是可以避免的，若受試者可以被如研究夥伴的對待。此一建議所強調的研究者與研究參與者之間更平衡的關係，強於一般社會研究所在的情形。因此很必要的,在研究計畫形塑造的過程中或之前，研究者要尋求社會中各種來源的意見，特別是那些會受

到研究所直接影響的人們。以如此的方式開擴我們的眼界，帶進我們研究方案發展的，不只反映著科學家或最富權勢者的價值與目標，並且可能減少研究者只選擇政治上已受認可方案的可能性。

經由採用社會中政治有力人士所選擇和偏好的方案，研究者自可遵行的共享的主張而固守其利益，不過卻可能有著或許是無法可靠預測的成本或代價。譬如，有些人主張，心理衛生方案，因其有助於人們調適於不公正的狀況，或藉著強調使人們可以自助，而可視如政治體系的臂膀（Muñoz, 1983）。 某些介入的技巧或許不見得能對特定人口群有其影響，諸如一些團體，若針對其處於困難者特有的社會、經濟與心理健康議題，才能提供它們更佳的服務。一項研究，強調的是老年人、病患和窮人是如何思想，如何行為，因而可能是方向錯誤的，並且是浪費資源，並不合乎目標團體的最佳利益。

2. 社會研究中倫理決定所根基的傳統的成本效益模型，應該加以修正，進而強調（a）同時考慮進行與不進行該研究的後果，以及（b）以其他方式進行研究的可能性。Rosenthal 和 Rosnow（1984）最近曾描述了研究者以成本效益分析通常使用的傳統決定模式的不恰當。雖然此模型包含了研究上的成本（對受試者的可能傷害、時間與金錢的花費等）以及效益（對受試者，對不同時地的其他人，對研究者等等），但卻未考慮不進行研究的成本與效益。如圖 8.1 所示,落在 D 點的研究則決定進行，落在 A 點則不進行。在 B 與 C 之間的研究最可能導致

無法決定。

　　Rosenthal 和 Rosnow 建議，執行研究的概念模式應與不執行研究的類似模式（圖 8.2）結合，以求對執行與不執行一項研究的後果，提供更完整的分析。結果是第三個兩向度的決策方塊（圖 8.3），是由圖 8.2 和 8.3 的方塊所形成的。接近點 D 意味著應該執行，接近點 D'意味著研究不應當執行。根據 Rosenthal 和 Rosnow（p.562），如此的概念修正，「根據是否執行既定的研究的倫理，以圖示指出，完整的考慮有著明顯的兩個方面，應當增進我們對成本與效用問題的思考。」

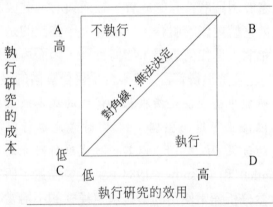

圖 8.1　決策平面圖：執行研究的成本與效用

資料來源：Rosenthal, R., & Rosnow, R. L. （1984）. Applying Hamlet's question to the ethical conduct of research：A conceptual addendum. *American Psychologist*, Vol.39, p.562. Copyright 1984 by the American Psychological Association. Reprinted by permission of the publisher and author.

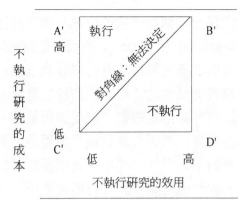

圖 8.2　決策平面圖：不執行研究的成本與效用
資料來源：Rosenthal, R., & Rosnow, R. L. （1984）. Applying
Hamlet's question to the ethical conduct of research：A conceptual
addendum. *American Psychologist*, Vol.39, p.562. Copyright
1984 by the American Psychological Association. Reprinted by
permission of the publisher and author.

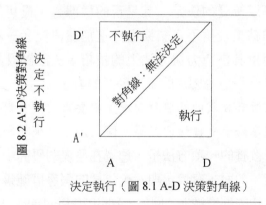

圖 8.3　組合平面圖：決定執行與決定不執行之間的研究
資料來源：Rosenthal, R., & Rosnow, R. L. （1984）. Applying
Hamlet's question to the ethical conduct of research：A conceptual
addendum. *American Psychologist*, Vol.39, p.562. Copyright
1984 by the American Psychological Association. Reprinted by
permission of the publisher and author.

雖然指出不執行研究的倫理意涵有其用處，但應注意，Rosenthal 和 Rosnow 的模式是簡化的，只意圖說明當面對實際決策情境時的部分故事而已。或許傳統決策模式更根本的不恰當，在於它意味著成本和效益是可以用客觀指定的數值測度與衡量的。相反的，研究者在考慮一項研究應當執行與否時，更可能處理的是幾群的不確定性，其中好幾個面向都是可以相互匹敵的。我們也可能強調，對研究者而言，適當的問題並不是非此即彼，在做與不做之間的，而是在以如此的方式進行此研究，還是以同樣的資源（時間、金錢等）進行不同研究計畫之間的。在實際層面，大多的研究問題可以從一個以上的方式去追索，這樣一來，可以接受的決定，其呈現的樣態是，最可能導致優良的結果凌駕不良結果者。這加諸研究者一項挑戰，即運用其創造力與方法上的技巧，去設計既具科學效度又合乎道德要求的富於創意的方法。

3. 在所有發表的社會研究中，都要求並期望對使用的倫理程序給予更仔細的報導。使目前與未來的研究者變得更有教養的一項方法是，透過在發表的研究中報導倫理措施。然而，有情況顯示，這樣的報導措施幾乎並不如所能夠的那麼廣布。例如，Adair 和 Lindsay（1983）發現，在 1979 年的人格與社會心理學刊中發表的 81%經驗研究的作者，聲稱他們都使用過一些接受受試者詢問的措施；但此種措施在這些論文中報導的則不到一半。縱然在過去三十年，在發表的論文中報導受試者詢問者都增

加中，沒有多少研究者描述（或為學刊編輯所省略）受試者就實驗或訊息陳述的形式被告知了什麼（Adair, Dushenko & Lindsay, 1985）。Miller（1976）和 Sieber（1983）的研究曾詳細建議，當欺騙手段使用時如何接受詢問，除此之外很少著作曾述寫如何與何時應當呈現接受詢問的措施（Adair, Lindsay & Carlopio, 1983）。對倫理研究的成分與技巧能提供學刊上的更仔細的報導，有助於設定標準，對未來的研究者可以有著指導的作用。

4. 對應用研究倫理可接受性的重視，應該成為相互增強的應用科學社區的關鍵成分。當應用社會科學運動開始之後，人們很廣泛的都認為，訓練良好和誠實的研究者（或團隊）產出研究報告，會形成對既定問題的有效科學解決。Campbell 和 Kimmel(1985)曾主張（與 Merton, 1973; Polanyi, 1958, 1966, 1969; Ravetz, 1971 等人相一致），科學真理主張的效度並不來自單一科學家的天生或培養的誠實與能力，反而是來自相互增強的（即，獎勵與紀律）科學社群。根據此一觀點，有效、合乎倫理的研究是從競爭的複製和批評中，是從對發明與傑出的競爭（其組成的方式導致對隨機錯誤、無能與欺騙的揭發，而非掩飾）中演化而成。雖然積極相互批評但卻在共享的科學疑問和議題上密切溝通，這樣的相互監控的學者社群的概念，類似 Merton（1973）所謂的科學的「有組織的懷疑」。從此一觀點，應用科學社群中如此社會體系的創立，代表著致力於為有效研究發現提升健康的競爭

氣氛，同時繼續驅策並鼓勵倫理的進步與作法。

5. 對社會研究倫理可接受性的評估，要求的是對社會中和
科學社群中倫理氣氛的了解。有人曾主張，科學倫理觀
點的哲學上的轉變，似乎發生在 1970 年代。在 1960 年
代，科學中的優勢倫理哲學，其特徵似乎是關注一般的
人類福祉以及同時強調功利的成本效益公式。1970 年
代則彰顯著回向的鐘擺，開始轉向更保守的立場，強調
立足於普遍規則的倫理判斷。此一倫理脈絡的轉向可以
視爲源自於，美國社會內對人們基本權力的逐漸關注，
以及社會科學家明白在社會研究或其他科學活動中對參
與者人權的濫行（Atwell, 1981）。這提示說，增加時
間的向度在未來決策模型的架構上，有其重要性。

摘要

　　根據一些人的看法，由於對不成功的和不成熟的介入
方案在成本上日益關注，導致對社會研究的應用，正發展
著保守的立場。假如此一增長的保守主義意味著，在必須
決定研究進行與不進行的決策間對客觀倫理評估的威脅，
那麼最後做成不進行研究的決定，則是令人沮喪的。假如
相反的，這種趨勢意味著社會研究者對本書所描述的各種
議題更爲敏感，那就未來社會研究的努力而言，絕對是令
人鼓舞的跡象。

參考書目

Adair, J. G., Dushenko, T. W., & Lindsay, R.C.L. (1985). Ethical regulations and their impact on research practice. *American Psychologist, 40,* 59-72.

Adair, J. G., & Lindsay, R.C.L. (1983). *Debriefing subjects: A comparison of published reports with a self-report survey.* Unpublished manuscript, University of Manitoba, Winnipeg, Canada.

Adair, J. G., Lindsay, R.C.L., & Carlopio, J. (1983). Social artifact research and ethical regulations: Their impact on the teaching of experimental methods in psychology. *Teaching of Psychology, 10,* 159-162.

Adams, K. A. (1985). Gamesmanship for internal evaluators: Knowing when to "hold 'em" and when to "fold 'em." *Evaluation and Program Planning, 8,* 53-57.

American Psychological Association. (1953). *Ethical standards of psychologists.* Washington, DC: Author.

American Psychological Association. (1974). *Standards for educational and psychological tests.* Washington, DC: Author.

American Psychological Association. (1977). *Standards for providers of psychological services* (rev. ed.). Washington, DC: Author.

American Psychological Association. (1981a). *Ethical principles of psychologists.* Washington, DC: Author.

American Psychological Association. (1981b). Specialty guidelines for the delivery of services by industrial/organizational psychologists. *American Psychologist, 36,* 664-669.

American Psychological Association. (1982). *Ethical principles in the conduct of research with human participants.* Washington, DC: Author.

American Sociological Association. (1971). *Code of ethics.* Washington, DC: Author.

Angell, R. C. (1967). The ethical problems of applied sociology. In P. F. Lazarsfeld, W. H. Sewell, & H. L. Wilensky (Eds.), *The uses of sociology.* New York: Basic Books.

Appelbaum, P. S. (1981). Tarasoff: An update on the duty to warn. *Hospital and Community Psychiatry, 32,* 14-15.

Argyris, C. (1975). Dangers in applying results from experimental social psychology. *American Psychologist, 30,* 469-485.

Asch, S. (1955). Opinions and social pressure. *Scientific American, 193,* 31-35.

Atwell, J. E. (1981). Human rights in human subjects research. In A. J. Kimmel (Ed.), *Ethics of human subject research.* San Francisco: Jossey-Bass.

Ayer, A. J. (1963). *Philosophical essays.* London: Macmillan.

Babbage, C. (1969). *Reflections on the decline of science in England, and on some of its causes.* London: Gregg International (originally published in 1830).

Baratz, S. S. (1973). Applying the behavioral sciences to the needs of public policy making. *Professional Psychology, 4,* 216-223.

Baumrin, B. H. (1970). The immorality of irrelevance: The social role of science. In F. F. Korten, S. W. Cook, & J. I. Lacey (Eds.), *Psychology and the problems of society.* Washington, DC: APA.

Baumrind, D. (1964). Some thoughts on ethics of research: After reading Milgram's "Behavioral study of obedience." *American Psychologist, 19*, 421-423.

Baumrind, D. (1971). Principles of ethical conduct in the treatment of subjects: Reaction to the draft report of the Committee on Ethical Standards in Psychological Research. *American Psychologist, 26*, 887-896.

Baumrind, D. (1975). Metaethical and normative considerations governing the treatment of human subjects in the behavioral sciences. In E. C. Kennedy (Ed.), *Human rights and psychological research: A debate on psychology and ethics.* New York: Thomas Y. Crowell.

Baumrind, D. (1985). Research using intentional deception: Ethical issues revisited. *American Psychologist, 40*, 165-174.

Bazelon, D. L. (1982). Veils, values, and social responsibility. *American Psychologist, 37*, 115-121.

Beals, R. L. (1969). *Politics of social change.* Chicago: Aldine.

Beecher, H. K. (1966). Ethics and clinical research. *New England Journal of Medicine, 274*, 1354-1360.

Behavioral Sciences and the National Security. (1965). Report No. 4, and Part IX of the Hearings on *Winning the Cold War: The U.S. Ideological Offensive*, by the Subcommittee on International Organizations and Movements of the Committee on Foreign Affairs, House of Representatives. Washington, DC: Government Printing Office.

Bell, E. H., & Bronfenbrenner, U. (1959). Freedom and responsibility in research: Comments. *Human Organization, 18*, 49-52.

Bermant, G. et al. (1974). The logic of simulation in jury research. *Criminal Justice and Behavior, 1*, 224-233.

Bermant, G., Kelman, H. C., & Warwick, D. P. (1978). *The ethics of social intervention.* Washington, DC: Hemisphere.

Bermel, J. (1985). Prior publication: Two research studies, two views. *Hastings Center Report, 15*, 3-4.

Berscheid, E., Baron, R. S., Dermer, M., & Libman, M. (1973). Anticipating informed consent: An empirical approach. *American Psychologist, 28*, 913-925.

Bickman, L., & Zarantonello, M. (1978). The effects of deception and level of obedience on subjects' ratings of the Milgram study. *Personality and Social Psychology Bulletin, 4*, 81-85.

Bok, S., (1978). *Lying: Moral choice in public and private life.* New York: Pantheon.

Boruch, R. F. (1975). *Is a promise of confidentiality necessary? Sufficient? A review and a bibliography* (Research Rep. NIE-11/11X). Evanston, IL: Northwestern University, Evaluation Research Program.

Boruch, R. F., & Cecil, J. S. (1979). *Assuring the confidentiality of social research data.* Philadelphia: University of Pennsylvania Press.

Boruch, R. F., & Cecil, J. S. (1982). Statistical strategies for preserving privacy in direct inquiry. In J. E. Sieber (Ed.), *The ethics of social research: Surveys and experiments.* New York: Springer-Verlag.

Boruch, R. F., & Wothke, W. (Eds.). (1985). *Randomization and field experimentation.* San Francisco: Jossey-Bass.

Bower, R. T., & de Gasparis, P. (1978). *Ethics in social research: Protecting the interests of human subjects.* New York: Praeger.

Broad, C. D. (1930). *Five types of ethical theory.* London: Routledge & Kegan Paul.

Brock, T. C., & Becker, L. A. (1966). Debriefing and susceptibility to subsequent experimental manipulations. *Journal of Experimental Social Psychology, 2*, 314-323.

Brown, G. H., & Harding, F. D. (1973). *A comparison of methods of studying illicit drug usage* (HUMRO Tech. Rep. 75-14). Arlington, VA: Human Resources Research Organization.

Brown, P. G. (1975). Informed consent in social experimentation: Some cautionary notes. In A. M. Rivlin & P. M. Timpane (Eds.), *Ethical and legal issues of social experimentation*. Washington, DC: Brookings Institution.

Brymer, R. A., & Farris, B. (1967). Ethical and political dilemmas in the investigation of deviance: A study of juvenile delinquency. In G. Sjoberg (Ed.), *Ethics, politics, and social research*. Cambridge, MA: Shenkman.

Bunda, M. A. (1985). Alternative systems of ethics and their application to education and evaluation. *Evaluation and Program Planning, 8*, 25-36.

Campbell, D. T. (1969). Reforms as experiments. *American Psychologist, 24*, 409-429.

Campbell, D. T., Boruch, R. F., Schwartz, R. D., & Steinberg, J. (1977). Confidentiality-preserving modes of access to files and to interfile exchange for useful statistical analysis. *Evaluation Quarterly, 1*, 269-299.

Campbell, D. T., & Cecil, J. S. (1982). A proposed system of regulation for the protection of participants in low-risk areas of applied social research. In J. E. Sieber (Ed.), *The ethics of social research: Fieldwork, regulation and publication*. New York: Springer-Verlag.

Campbell, D. T., & Kimmel, A. J. (1985). *Guiding preventive intervention research centers for research validity* (Contract No. SSN 552-12-4531). Rockville, MD: Department of Health and Human Services.

Caplan, N., Morrison, A., & Stambaugh, R. J. (1975). *The use of social science knowledge in policy decisions at the national level*. Ann Arbor: University of Michigan, Institute for Social Research, Center for Research on Utilization of Scientific Knowledge.

Carroll, M. A., Schneider, H. G., & Wesley, G. R. (1985). *Ethics in the practice of psychology*. Englewood Cliffs, NJ: Prentice-Hall.

Caulfield, B. A. (1978). *The legal aspects of protective services for abused and neglected children*. Washington, DC: Government Printing Office.

Ceci, S. J., Peters, D., & Plotkin, J. (1985). Human subjects review, personal values, and the regulation of social science research. *American Psychologist, 40*, 994-1002.

Center for the Study of Ethics in the Professions. (1981). *Compilation of statements relating to standards of professional responsibility and freedom*. Chicago: Illinois Institute of Technology.

Chalk, R., Frankel, M. S., & Chafer, S. B. (1980). *AAAS Professional ethics activities in the scientific and engineering societies*. Washington, DC: American Association for the Advancement of Science.

Childress, J. (1975). The identification of ethical principles. In The National Commission for the Protection of Biomedical and Behavioral Research, *Appendix, Volume I: The Belmont Report*. Bethesda, MD: Department of Health, Education, and Welfare.

Clarke-Stewart, K. A. (1978). Popular primers for parents. *American Psychologist, 33*, 359-369.

Cohen, J. (1982). The cost of IRB reviews. In R. A. Greenwald, M. K. Ryan, J. E. Mulvihill (Eds.), *Human subjects research: A handbook for institutional review boards* (pp. 39-47). New York: Plenum.

Cole, J. R., & Cole, S. (1973). *Social stratification in science*. Chicago: University of Chicago Press.

Colgrove v. Battin, 413 U.S. 149 (1973).

Committee on Federal Agency Evaluation Research. (1975). *Protecting individual privacy in evaluation research*. Washington, DC: National Academy of Sciences.

Committee on National Statistics. (1979). *Privacy and confidentiality as factors in survey response.* Washington, DC: National Academy of Sciences.

Confrey, E. A. (1970). Should a government agency regulate ethical behavior? *Annals of the New York Academy of Sciences, 169,* 528-532.

Conner, R. F. (1982). Random assignment of clients in social experimentation. In J. E. Sieber (Ed.), *The ethics of social research: Surveys and experiments.* New York: Springer-Verlag.

Cook, S. W. (1970). Motives in a conceptual analysis of attitude related behavior. In W. J. Arnold & D. Levine (Eds.), *Nebraska symposium on motivation.* Lincoln: University of Nebraska Press.

Cook, T. D., & Campbell, D. T. (1979). *Quasi-experimentation: Design and analysis for field settings.* Boston: Houghton Mifflin.

Curran, W. J. (1969). Governmental regulation of the use of human subjects in medical research: The approach of two federal agencies. *Daedalus, 98*(2), 542-594.

Dalglish, T. (1976). *Protecting human subjects in social and behavioral research: Ethics, law and the DHEW rules: A critique.* Berkeley: University of California, Berkeley, Center for Research in Management Science.

Department of Health, Education and Welfare. (1974, May 30). Protection of human subjects. *Federal Register, 39,* 18914-18920.

Department of Health, Education, and Welfare. (1978). Protection of human subjects; institutional review board; report and recommendations of National Commission for the Protection of Human Subjects of Biomedical and Behavioral Research. *Federal Register, 43,* 56174-56198.

Diener, E., & Crandall, R. (1978). *Ethics in social and behavioral research.* Chicago: University of Chicago Press.

Dill, C. A., Gilden, E. R., Hill, P. C., & Hanselka, L. L. (1982). Federal human subjects regulations: A methodological artifact? *Personality and Social Psychology Bulletin, 8,* 417-425.

Dillehay, R. C., & Nietzel, M. T. (1980). Constructing a science of jury behavior. In L. Wheeler, (Ed.), *Review of personality and social psychology.* Beverly Hills, CA: Sage.

Doob, A. N. (1983). The reliability of ethical reviews: Is it desirable? *Canadian Psychologist, 24,* 269-270.

Douglas, M., & Wildavksy, A. (1982). *Risk and culture.* Berkeley: University of California Press.

Eaton, W. O. (1983). The reliability of ethical reviews: Some initial empirical findings. *Canadian Psychologist, 24,* 14-18.

Eckler, A. R. (1972). *The Bureau of the Census.* New York: Praeger.

Edsall, G. A. (1969). A positive approach to the problem of human experimentation. *Daedalus, 98,* 463-478.

Epstein, Y. M., Suedfeld, P., & Silverstein, S. J. (1973). Subjects' expectations and reactions to some behaviors of experimenters. *American Psychologist, 28,* 212-221.

Esposito, J. L., Agard, E., & Rosnow, R. L. (1984). Can confidentiality of data pay off? *Personality and Individual Differences, 5,* 477-480.

Evaluation Research Society Standards Committee. (1982). Evaluation Research Society standards for program evaluation. *New Directions for Program Evaluation, 15,* 7-19.

Faden, R. R., & Beauchamp, T. L. (1986). *A history and theory of informed consent.* New York: Oxford University Press.

Feige, E. L., & Watts, H. W. (1970). Protection of privacy through microaggregation. In R. L. Bisco (Ed.), *Data bases, computers, and the social scientist.* New York: Wiley-Interscience.

Fersch, E. A., Jr. (1980). Ethical issues for psychologists in court settings. In J. Monahan (Ed.), *Who is the client? The ethics of intervention in the criminal justice system.* Washington, DC: American Psychological Association.

Fischer, F. (1980). *Politics, values, and public policy: The problem of methodology.* Boulder, CO: Westview.

Fisher, K. (1982, November). The spreading stain of fraud. *APA Monitor,* pp. 7-8.

Fisher, K. (1986, May). Ethics in research: Having respect for the subject. *APA Monitor, 17*(5), 1, 34.

Fo, W. S., & O'Donnell, C. R. (1975). The buddy system: Effects of community intervention on delinquent offenses. *Behavior Therapy, 6,* 522-524.

Folsom, R. E. (1974). *A randomized response validation study: Comparison of direct and randomized reporting of DUI arrests* (Final Report, 2550-807). Chapel Hill, NC: Research Triangle Institute.

Forsyth, D. R. (1980). A taxonomy of ethical ideologies. *Journal of Personality and Social Psychology, 39,* 175-184.

Fowler, F. J., Jr. (1984). *Survey research methods.* Beverly Hills, CA: Sage.

Fox, J. A., & Tracy, P. E. (1984). Measuring associations with randomized response. *Social Science Research, 13*(2), 188-197.

Francis, H.W.S. (1982). Of gossips, eavesdroppers, and peeping toms. *Journal of Medical Ethics, 8,* 134-143.

Frankel, M. S. (1975). The development of policy guidelines governing human experimentation in the United States. *Ethics in Science and Medicine, 2,* 43-59.

Frankena, W. K. (1973). *Ethics* (2nd ed.). Englewood Cliffs, NJ: Prentice-Hall.

Frankena, W. K., & Granrose, J. T. (Eds.). (1974). *Introductory readings in ethics.* Englewood Cliffs, NJ: Prentice-Hall.

Freedman, M. H. (1975). *Lawyers' ethics in an adversary system.* Indianapolis, IN: Bobbs-Merrill.

Gardner, G. T. (1978). Effects of federal human subjects regulations on data obtained in environmental stressor research. *Journal of Personality and Social Psychology, 36,* 628-634.

Garner, R. T., & Rosen, B. (1967). *Moral philosophy: A systematic introduction to normative ethics and meta-ethics.* New York: Macmillian.

Georgoudi, M., & Rosnow, R. L. (1985). Notes toward a contextualist understanding of social psychology. *Personality and Social Psychology Bulletin, 11,* 5-22.

Gergen, K. J. (1973). Social psychology as history. *Journal of Personality and Social Psychology, 26,* 309-320.

Gersten, J. C., Langner, T. S., & Simcha-Fagan, O. (1979). Developmental patterns of types of behavioral disturbance and secondary prevention. *International Journal of Mental Health, 7,* 132-149.

Giddens, A. (1976). *New rules of sociological method.* London: Hutchinson.

Giddens, A. (1979). *Central problems in social theory.* London: Macmillan.

Glazer, M. (1972). *The research adventure.* New York: Random House.

Glynn, K. (1978). *Regulations regarding the use of human subjects in research: Effects on investigator's ethical sensitivity, research practices, and research priorities.* Paper presented at the annual meeting of the American Sociological Association, San Francisco, CA.

Golann, S. E. (1970). Ethical standards for psychology: Development and revision, 1938-1968. *Annals of the New York Academy of Sciences, 169,* 398-405.

Goldman, J., & Katz, M. D. (1982). Inconsistency and institutional review boards. *Journal of the American Medical Association, 248,* 197-202.

Gove, W. R. (1980). *The labeling of deviance* (2nd ed.). Beverly Hills, CA: Sage.

Gove, W. R. (Ed.). (1982). *Deviance and mental illness.* Beverly Hills, CA: Sage.

Granville, A. C., Johnston, J., & Nolan, N. K. (1983). *Using television to promote adolescent mental health. Search for a mandate* (Vol. 3). Ann Arbor: University of Michigan, Institute for Social Research.

Greenberg, B. G., Horvitz, D. G., & Abernathy, J. R. (1974). A comparison of randomized response designs. In F. Proschan & R. J. Serfling (Eds.), *Reliability and biometry.* Philadelphia: SIAM.

Gueron, J. M. (1985). The demonstration of state work/welfare initiatives. In R. F. Boruch & W. Wothke (Eds.), *Randomization and field experimentation.* San Francisco: Jossey-Bass.

Hamsher, J. H., & Reznikoff, M. (1967). Ethical standards in psychological research and graduate training: A study of attitudes within the profession. *Proceedings, 75th Annual Convention, American Psychological Association, 2,* 203-204.

Holden, C. (1979). Ethics in social science research. *Science, 206,* 537-540.

Holder, A. R. (1982). Do researchers and subjects have a fiduciary relationship? *IRB: A Review of Human Subjects Research 4,* 6-7.

Holton, G. (1973). *Thematic origins of scientific thought: Keplar to Einstein.* Cambridge, MA: Harvard University Press.

Horowitz, I. L. (1967). *The rise and fall of Project Camelot.* Cambridge: MIT Press.

Humphreys, L. (1970). *Tearoom trade.* Chicago: Aldine.

Institute for Social Research. (1976). *Research involving human subjects.* Ann Arbor: University of Michigan.

Jaffe, L. L. (1969). Law as a system of control. *Daedalus, 98,* 406-426.

Jason, L. A., & Bogat, G. A. (1983). Preventive behavioral interventions. In R. D. Felner, L. A. Jason, J. N. Moritsugu, & S. S. Farber (Eds.), *Preventive psychology: Theory, research and practice.* Elmsford, NY: Pergamon.

Jerrell, S. L., & Jerrell, J. M. (1985). Road signs in ethical quicksand. *Evaluation and Program Planning, 8,* 73-76.

Johnson, C. G. (1982). Risks in the publication of fieldwork. In J. E. Sieber (Ed.), *The ethics of social research: Fieldwork, regulation, and publication.* New York: Springer-Verlag.

Johnson, P. L. (1985). Ethical dilemmas in evaluating programs with family court related clients. *Evaluation and Program Planning, 8,* 45-51.

Johnston, J., Blumenfeld, P., & Isler, L. (1983). *Using television to promote adolescent mental health. Process and effects in classroom settings* (Vol. 2). Ann Arbor: University of Michigan, Institute for Social Research.

Joint Committee on Standards for Educational Evaluation. (1981). *Standards for evaluations of educational programs, projects, and materials.* New York: McGraw-Hill.

Jones, J. H. (1981). *Bad blood.* New York: Free Press.

Kant, I. (1965). *The metaphysical elements of justice.* Indianapolis: Bobbs-Merrill (originally published in 1797).

Katz, J. (1972). *Experimentation with human beings.* New York: Russell Sage.

Kelman, H. C. (1965). Manipulation of human behavior: An ethical dilemma for the social scientist. *Journal of Social Issues, 21,* 31-46.

Kelman, H. C. (1967). Human use of human subjects: The problem of deception in social psychological experiments. *Psychological Bulletin, 67,* 1-11.

Kelman, H. C. (1968). *A time to speak: On human values and social research.* San Francisco: Jossey-Bass.

Kelman, H. C. (1972). The rights of the subject in social research: An analysis in terms of relative power and legitimacy. *American Psychologist, 27,* 989-1016.

Kelman, H. C., & Warwick, D. P. (1978). The ethics of social intervention: Goals, means, and consequences. In G. Bermant, H. C. Kelman, & D. P. Warwick (Eds.), *The ethics of social intervention*. Washington, DC: Hemisphere.

Kershaw, D. N. (1975). The New Jersey negative income tax experiment. In G. M. Lyons (Ed.), *Social research and public policies*. Hanover, NH: Dartmouth College Public Affairs Center.

Kidder, L. H., & Judd, C. M. (1986). *Selltiz, Wrightsman and Cook's research methods in social relations* (5th ed.). New York: Holt, Rinehart & Winston.

Kiesler, C. A. (1980). Mental health policy as a field of inquiry for psychology. *American Psychologist, 35*, 1066-1080.

Kimmel, A. J. (1983). Predicting the conclusions of risk-benefit assessments in psychology from characteristics of the evaluator. *Dissertation Abstracts International, 44*, 360.

Kimmel, A. J. (1985a). *Ethical issues in prevention research*. Unpublished manuscript.

Kimmel, A. J. (1985b, March). *The ethics of gossip: The right to know versus the right to privacy*. Paper presented at the Eastern Psychological Association, Boston.

King, F. W. (1970). Anonymous versus identifiable questionnaires in drug usage surveys. *American Psychologist, 25*, 982-985.

Knerr, C. R., Jr. (1982). What to do before and after a subpoena of data arrives. In J. E. Sieber (Ed.), *The ethics of social research: Surveys and experiments*. New York: Springer-Verlag.

Koch, S. (1981). The nature and limits of psychological knowledge: Lessons of a century qua "science." *American Psychologist, 36*, 257-269.

Kramer, J. R. (1967). Resistance to sociological data: A case study. In P. F. Lazarsfeld, W. H. Sewell, & H. L. Wilensky (Eds.), *The uses of sociology*. New York: Basic Books.

Krasner, L., & Houts, A. C. (1984). A study of the "value" systems of behavioral scientists. *American Psychologist, 39*, 840-850.

Krotki, K., & Fox, B. (1974). The randomized response technique, the interview, and the self administered questionnaire: An empirical comparison of fertility reports. *Proceedings of the American Statistical Association: Social statistics section* (pp. 367-371). Washington, DC: ASA.

Ladimer, I. (1970). Protecting participants in human studies. *Annals of the New York Academy of Sciences, 169*, 564-572.

Lamberth, J., & Kimmel, A. J. (1981). Ethical issues and responsibilities in applying scientific behavioral knowledge. In A. J. Kimmel (Ed.), *Ethics of human subject research*. San Francisco: Jossey-Bass.

Lerner, D., & Lasswell, H. D. (1951). *The policy sciences*. Stanford, CA: Stanford University Press.

Lasswell, H. D. (1951). *The political writings of Harold D. Lasswell*. Glencoe: Free Press.

Levin, J. (1981). Ethical problems in sociological research. In A. J. Kimmel (Ed.), *Ethics of human subject research*. San Francisco: Jossey-Bass.

Levine, R. J. (1975a). The nature and definition of informed consent in various research settings. In the National Commission for the Protection of Biomedical and Behavioral Research, *Appendix, Volume I: The Belmont Report*. Bethesda, MD: Department of Health, Education, and Welfare.

Levine, R. J. (1975b). The role of assessment of risk-benefit criteria in the determination of the appropriateness of research involving human subjects. In the National Commission for the Protection of Biomedical and Behavioral Research, *Appendix, Volume I: The Belmont Report*. Bethesda, MD: Department of Health, Education, and Welfare.

Lewin, K. (1947). Group decision and social change. In T. M. Newcomb & E. L. Hartley (Eds.), *Readings in social psychology*. New York: Holt.

Lindblom, C. E., & Cohen, D. (1979). *Usable knowledge: Social science and social problem solving.* New Haven, CT: Yale University Press.

Liu, P. T., Chow, L. P., & Mosley, W. H. (1975). Use of the randomized response technique with a new randomizing technique. *Journal of the American Statistical Association, 70*, 324-332.

Loftus, E. F., & Fries, J. F. (1979). Informed consent may be hazardous to health. *Science. 204*, 11.

London, M., & Bray, D. W. (1980). Ethical issues in testing and evaluation for personnel decisions. *American Psychologist, 35*, 890-901.

Loo, C. M. (1982). Vulnerable populations: Case studies in crowding research. In J. E. Sieber (Ed.), *The ethics of social research: Surveys and experiments.* New York: Springer-Verlag.

Lorion, R. P. (1983). Evaluating preventive interventions: Guidelines for the serious social change agent. In R. D. Felner, L. A. Jason, J. N. Moritsugu, & S. S. Farber (Eds.), *Preventive psychology: Theory, research and practice.* Elmsford, NY: Pergamon.

Lorion, R. P. (1984). Research issues in the design and evaluation of preventive interventions. In J. P. Bowker (Ed.), *Education for primary prevention in social work.* New York: Council on Social Work Education.

Lowman, R. P., & Soule, L. M. (1981). Professional ethics and the use of humans in research. In A. J. Kimmel (Ed.), *Ethics of human subject research.* San Francisco: Jossey-Bass.

Lueptow, L., Mueller, S. A., Hammes, R. R., & Master, L. S. (1977). The impact of informed consent regulations on response rate and response bias. *Sociological Methods and Research, 6*, 183-204.

Luria, S. E. (1976). Biological aspects of ethical principles. *Journal of Medicine and Philosophy, 1*, 332-336.

Lynn, L. E., Jr. (1977). Policy relevant social research: What does it look like? In M. Guttentag & S. Saar (Eds.), *Evaluation studies review annual* (Vol. 2). Beverly Hills, CA: Sage.

Macklin, R., & Sherwin, S. (1975). Experimenting on human subjects: Philosophical perspectives. *Case Western Reserve Law Review, 25*, 434-471.

Mahoney, M. J. (1976). *Scientist as subject: The psychological imperative.* Cambridge, MA: Ballinger.

McCarthy, C. R. (1981). The development of federal regulations for social research. In A. J. Kimmel (Ed.), *Ethics of human subject research.* San Francisco: Jossey-Bass.

McCord, J. (1978). A thirty-year follow-up of treatment effects. *American Psychologist, 33*, 284-289.

McGuire, W. (1965). Discussion of William N. Schoenfeld's paper. In O. Klineberg & R. Christie (Eds.), *Perspectives in social psychology.* New York: Holt, Rinehart & Winston.

Meehl, P. (1971). Law and the fireside inductions: Some reflections of a clinical psychologist. *Journal of Social Issues, 27*, 65-100.

Merton, R. K. (1973). *The sociology of science: Theoretical and empirical investigations.* Chicago: University of Chicago Press.

Milgram, S. (1963). Behavioral study of obedience. *Journal of Abnormal and Social Psychology, 67*, 371-378.

Milgram, S. (1964). Issues in the study of obedience: A reply to Baumrind. *American Psychologist, 19*, 848-852.

Milgram, S. (1965). Some conditions of obedience and disobedience to authority. *Human Relations, 18*, 57-76.

Milgram, S. (1974). *Obedience to authority*. New York: Harper & Row.

Mill, J. S. (1957). *Utilitarianism*. New York: Bobbs-Merrill (originally published in 1861).

Miller, A. (1972). Role playing: An alternative to deception? *American Psychologist, 27*, 623-636.

Miller, G. A. (1969). Psychology as a means of promoting human welfare. *American Psychologist, 24*, 1063-1075.

Miller, R., & Willner, H. S. (1974). The two-part consent form: A suggestion for promoting free and informed consent. *New England Journal of Medicine, 290*, 964-966.

Mills, J. (1976). A procedure for explaining experiments involving deception. *Personality and Social Psychology Bulletin, 2*, 3-13.

Mirvis, P. H., & Seashore, S. E. (1982). Creating ethical relationships in organizational research. In J. E. Sieber (Ed.), *The ethics of social research: Surveys and experiments*. New York: Springer-Verlag.

Mitroff, I. I. (1974). *The subjective side of science*. New York: Elsevier.

Monahan, J. (Ed.). (1980). *Who is the client? The ethics of intervention in the criminal justice system*. Washington, DC: American Psychological Association.

Moore, F. D. (1970). Therapeutic innovation: Ethical boundaries in the initial clinical trials of new drugs and surgical procedures. In P. A. Freund (Ed.), *Experimentation with human subjects*. New York: George Braziller.

Muchinsky, P. M. (1983). *Psychology applied to work*. Homewood, IL: Dorsey.

Muñoz, R. F. (1983, May 15-17). *Prevention intervention research: A sample of ethical dilemmas*. Paper presented at the NIMH State-of-the-Art Workshop on "Ethics and Primary Prevention," California State University, Northridge.

Muñoz, R. F., Glish, M., Soo-Hoo, T., & Robertson, J. (1982). The San Francisco mood survey project: Preliminary work toward the prevention of depression. *American Journal of Community Psychology, 10*, 317-329.

Murray, T. H. (1980). Learning to deceive. *Hastings Center Report, 10*(2), 11-13.

Natanson, M. (1975). A philosophical perspective on the assessment of risk-benefit criteria in connection with research involving human subjects. In The National Commission for the Protection of Biomedical and Behavioral Research, *Appendix, Volume II: The Belmont Report*. Bethesda, MD: Department of Health, Education, and Welfare.

National Center on Child Abuse and Neglect. (1978). *Child abuse and neglect: State reporting laws*. Washington, DC: Government Printing Office.

Nejelski, P. (Ed.). (1976). *Social research in conflict with law and ethics*. Cambridge, MA: Ballinger.

Nemeth, C. (1981). Jury trials: Psychology and law. In L. Berkowitz (Ed.), *Advances in experimental social psychology* (Vol. 13). New York: Academic Press.

O'Donnell, J. M. (1979). The crisis of experimentalism in the 1920s: E. G. Boring and his uses of history. *American Psychologist, 34*, 289-295.

Orlans, H. (1973). *Contracting for knowledge*. San Francisco: Jossey-Bass.

Orne, M. T. (1962). On the social psychology of the psychological experiment: With particular reference to demand characteristics and their implications. *American Psychologist, 17*, 776-783.

Pahel, K., & Schiller, M. (Eds.). (1970). *Readings in contemporary ethical theory*. Englewood Cliffs, NJ: Prentice-Hall.

Panel on Privacy and Behavioral Research. (1967). Privacy and behavioral research: Preliminary summary of the report of the Panel on Privacy and Behavioral Research. *Science, 155*, 535-538.

Pappworth, M. H. (1967). *Human guinea pigs: Experimentation on man.* Boston: Beacon.

Pattullo, E. L. (1980). Who risks what in social research? *Hastings Center Report, 10,* 15-18.

Pepitone, A. (1981). Lessons from the history of social psychology. *American Psychologist, 36,* 972-985.

Pervin, L. A. (1978). *Current controversies and issues in personality.* New York: John Wiley.

Pfeiffer, J. W., & Jones, J. E. (1977). Ethical considerations in consulting. In J. E. Jones & J. W. Pfeiffer (Eds.), *The 1977 annual for group facilitators.* La Jolla, CA: University Associates.

Polanyi, M. (1958). *Personal knowledge: Towards a post-critical philosophy.* New York: Harper & Row.

Polanyi, M. (1966). A society of explorers. In *The tacit dimension* (Chap. 3). Garden City: Doubleday.

Polanyi, M. (1969). *Knowing and being.* London: Routledge & Kegan Paul.

Polich, J. M., Ellickson, P. L., Reuter, P., & Kahan, J. P. (1984). *Strategies for controlling adolescent drug use.* Santa Monica, CA: Rand.

Powers, E., & Witmer, H. (1951). *An experiment in the prevention of delinquency: The Cambridge-Somerville youth study.* New York: Columbia University Press.

Rainwater, L., & Yancey, W. (1967). *The Moynihan Report and the politics of controversy.* Cambridge: MIT Press.

Ravetz, J. R. (1971). *Scientific knowledge and its social problems.* Oxford: Clarendon.

Rawls, J. (1971). *A theory of justice.* Cambridge, MA: Harvard University Press.

Reaser, J. M., Hartsock, S., & Hoehn, A. J. (1975). *A test of the forced alternative random response questionnaire technique* (HUMRO Tech. Rep. 75-9). Arlington, VA: Human Resources Research Organization.

Redlich, F., & Mollica, R. F. (1976). Overview: Ethical issues in contemporary psychiatry. *American Journal of Psychiatry, 133,* 125-136.

Reese, H. W., & Fremouw, W. J. (1984). Normal and normative ethics in behavioral sciences. *American Psychologist, 39,* 863-876.

Rein, M. (1976). *Social science and public policy.* New York: Penguin.

Resnick, J. H., & Schwartz, T. (1973). Ethical standards as an independent variable in psychological research. *American Psychologist, 28,* 134-139.

Reynolds, P. D. (1972). On the protection of human subjects and social science. *International Social Science Journal, 24,* 693-719.

Reynolds, P. D. (1979). *Ethical dilemmas and social science research.* San Francisco: Jossey-Bass.

Riecken, H. W., & Boruch, R. F. (Eds.). (1974). *Social experimentation: A method for planning and evaluating social intervention.* New York: Academic Press.

Rivlin, A. M., & Timpane, P. M. (Eds.). (1975). *Ethical and legal issues of social experimentation.* Washington, DC: Brookings Institution.

Robinson, R., & Greenberg, C. I. (1980, September). Informed consent: An artifact in human crowding. In J. R. Aiello (Chair), *Crowding and high population density.* Symposium presented at the meeting of the American Psychological Association, Montreal.

Roe, A. (1961). The psychology of the scientist. *Science, 134,* 456-459.

Rosenthal, R., & Rosnow, R. L. (Eds.). (1969). *Artifact in behavioral research.* New York: Academic Press.

Rosenthal, R., & Rosnow, R. L. (1975). *The volunteer subject.* New York: John Wiley.

Rosenthal, R., & Rosnow, R. L. (1984). Applying Hamlet's question to the ethical conduct of research: A conceptual addendum. *American Psychologist, 39,* 561-563.

Rosnow, R. L. (1981). *Paradigms in transition: The methodology of social inquiry.* New York: Oxford University Press.

Ross, W. D. (1930). *The right and the good.* Oxford: Clarendon.

Ruebhausen, O. M., & Brim, O. G., Jr. (1966). Privacy and behavioral research. *American Psychologist, 21,* 423-437.

Rugg, E. A. (1975). Ethical judgments of social research involving experimental deception. *Dissertation Abstracts International, 36,* 4-B.

Sahakian, W. S. (1974). *Ethics: An introduction to theories and problems.* New York: Barnes & Noble.

Saks, M. J. (1976). The limits of scientific jury selection: Ethical and empirical. *Jurimetrics Journal, 17,* 3-22.

Sarason, S. B. (1978). The nature of problem solving in social action. *American Psychologist, 33,* 370-380.

Sarason, S. B. (1981). *Psychology misdirected.* New York: Free Press.

Schelling, T. C. (1975). General comments. In A. M. Rivlin & P. M. Timpane (Eds.), *Ethical and legal issues of social experimentation.* Washington, DC: Brookings Institution.

Schlenker, B. R., & Forsyth, D. R. (1977). On the ethics of psychological research. *Journal of Experimental Social Psychology, 13,* 369-396.

Schuler, H. (1982). *Ethical problems in psychological research.* New York: Academic Press.

Sheinfeld, S. N., & Lord, G. L. (1981). The ethics of evaluation researchers. *Evaluation Review, 5,* 377-391.

Sieber, J. E. (1980). Being ethical: Professional and personal decisions in program evaluation. *New Directions for Program Evaluation, 7,* 51-61.

Sieber, J. E. (Ed.). (1982a). *The ethics of social research: Surveys and experiments.* New York: Springer-Verlag.

Sieber, J. E. (1982b). Ethical dilemmas in social research. In J. E. Sieber (Ed.), *The ethics of social research: Surveys and experiments.* New York: Springer-Verlag.

Sieber, J. E. (1983). Deception in social research III: The nature and limits of debriefing. *IRB: A Review of Human Subjects Research, 5,* 1-4.

Sieber, J. E., & Stanley, B. (1988). Ethical and professional dimensions of socially sensitive research. *American Psychologist, 43,* 49-55.

Seiler, L. H., & Murtha, J. M. (1981). Final regulations for the protection of human subjects of research provide a balanced compromise. *Society for the Advancement of Social Psychology Newsletter, 7,* 6-7.

Singer, E. (1978). Informed consent: Consequences for response rate and response quality in social surveys. *American Sociological Review, 43,* 144-162.

Singer, E., & Frankel, M. R. (1982). Informed consent procedures in telephone interviews. *American Sociological Review, 47,* 416-427.

Sjoberg, G. (1967). Project Camelot: Selected reactions and personal reflections. In G. Sjoberg (Ed.), *Ethics, politics, and social research.* Cambridge, MA: Schenkman.

Smith, A., & Berard, S. P. (1982). Why are human subjects less concerned about ethically problematic research than human subjects committees? *Journal of Applied Social Psychology, 12,* 209-221.

Smith, D. H. (1978). Scientific knowledge and forbidden truths—are there things we should not know? *Hastings Center Report, 8,* 30-35.

Smith, N. L. (1985a). Introduction: Moral and ethical problems in evaluation. *Evaluation and Program Planning, 8,* 1-3.

Smith, N. L. (1985b). Some characteristics of moral problems in evaluation practice. *Evaluation and Program Planning, 8,* 5-11.

Society for Industrial and Organizational Psychology, Inc. (1987). *Principles for the validation and use of personnel selection procedures* (3rd ed.). College Park, MD: Author.

Sommer, R., & Sommer, B. A. (1983). Mystery in Milwaukee: Early intervention, IQ, and psychology textbooks. *American Psychologist, 38,* 982-985.

Spivack, G., Platt, J. J., & Shure, M. B. (1976). *The problem-solving approach to adjustment.* San Francisco: Jossey-Bass.

Spivack, G., & Shure, M. B. (1974). *Social adjustment of young children: A cognitive approach to solving real-life problems.* San Francisco: Jossey-Bass.

Steininger, M., Newell, J. D., & Garcia, L. T. (1984). *Ethical issues in psychology.* Homewood, IL: Dorsey.

Stricker, L. J., Messick, S., & Jackson, D. M. (1967). Suspicion of deception: Implications for conformity research. *Journal of Personality and Social Psychology, 5,* 379-389.

Sullivan, D. S., & Deiker, T. E. (1973). Subject-experimenter perceptions of ethical issues in human research. *American Psychologist, 28,* 587-591.

Tanke, E. D., & Tanke, T. J. (1982). Regulation and education: The role of the institutional review board in social science research. In J. E. Sieber (Ed.), *The ethics of social research: Fieldwork, regulation, and publication.* New York: Springer-Verlag.

Tarasoff v. Regents of the University of California. (1976). *California Reporter, 131,* 14.

Tedeschi, J. T., & Rosenfeld, P. (1981). The experimental research controversy at SUNY: A case study. In A. J. Kimmel (Ed.), *Ethics of human subject research.* San Francisco: Jossey-Bass.

Titus, H. H., & Keeton, M. (1973). *Ethics for today* (5th ed.). New York: D. Van Nostrand.

Tracy, P. E., & Fox, J. A. (1981). The validity of randomized responses for sensitive measurements. *American Sociological Review, 46,* 187-200.

Trochim, W. (1982). *Research design for program evaluation: The regression-discontinuity approach.* Beverly Hills, CA: Sage.

Vaughan, T. R. (1967). Governmental intervention in social research: Political and ethical dimensions in the Wichita jury recordings. In G. Sjoberg (Ed.), *Ethics, politics, and social research.* Cambridge, MA: Schenkman.

Veatch, R. M., & Sollitto, S. (1973). Human experimentation: The ethical questions persist. *Hastings Center Report, 3*(3), 1-3.

Vidich, A. J., & Bensman, J. (1958). *Small town in mass society: Class, power, and religion in a rural community.* Princeton, NJ: Princeton University Press.

Vidmar, N. (1979). The other issues in jury simulation research. *Law and Human Behavior, 3,* 95-106.

Walton, R. E. (1978). Ethical issues in the practice of organization development. In G. Bermant, H. C. Kelman, & D. P. Warwick (Eds.), *The ethics of social intervention.* Washington, DC: Hemisphere.

Warner, S. L. (1965). Randomized response: A survey technique for eliminating evasive answer bias. *Journal of the American Statistical Association, 60,* 63-69.

Warner, S. L. (1971). The linear randomized responsive model. *Journal of the American Statistical Association, 66,* 884-888.

Warwick, D. P., & Kelman, H. C. (1973). Ethical issues in social intervention. In G. Zaltman (Ed.), *Processes and phenomena of social change.* New York: John Wiley.

Watkins, B., Perloff, L. S., Wortman, C. B., & Johnston, J. (1983). *Using television to promote adolescent mental health: Mental health messages on prime-time television* (Vol. 1). Ann Arbor: University of Michigan, Institute for Social Research.

Weber, M. (1949). *The methodology of the social sciences* (Trans. and eds. E. A. Shils & H. A. Finch). New York: Free Press.

Weiss, C. H. (1978). Improving the linkage between social research and public policy. In L. E. Lynn (Ed.), *Knowledge and policy: The uncertain condition*. Washington, DC: National Academy of Sciences.

Welt, L. G. (1961). Reflections on the problems of human experimentation. *Connecticut Medicine, 25*, 75-79.

West, S. G., Gunn, S. P., & Chernicky, P. (1975). Ubiquitous Watergate: An attributional analysis. *Journal of Personality and Social Psychology, 32*, 55-65.

West, S. G., & Gunn, S. P. (1978). Some issues of ethics and social psychology. *American Psychologist, 33*, 30-38.

Westin, A. F. (1968). *Privacy and freedom*. New York: Atheneum.

Wildavsky, A. (1979). *Speaking truth to power: The art and craft of policy analysis*. Boston: Little, Brown.

Wolfgang, M. E. (1981). Confidentiality in criminological research and other ethical issues. *Journal of Criminal Law and Criminology, 72*, 345-361.

Wortman, C. B., & Rabinovitz, V. C. (1979). Randomization: The fairest of them all. In L. Sechrest et al. (Eds.), *Evaluation studies review annual* (Vol. 4). Beverly Hills, CA: Sage.

Zdep, S. M., & Rhodes, I. N. (1977). Making the randomized response technique work. *Public Opinion Quarterly, 41*, 531-537.

Zeisel, H. (1970). Reducing the hazards of human experiments through modifications in research design. *Annals of the New York Academy of Sciences, 169*, 475-486.

索引

A

B

M

N

O

P

R

關於作者

　　Allan J. Kimmel 是 Fitching State College 的行為科學助理教授，教授社會心理學與工業及組織心理學。他曾任教於 Moravian College，掌理給予學位的人類資源行政學程。他在 1983 年取得 Temple University 的社會心理學博士學位，論文焦點是專業美國心理學家在倫理決策上所具備的可預測偏誤。在研究所階段，他對以人類為受試者的實驗室研究關聯的議題中涉及倫理的部分感到興趣，並編輯一本有關這個課題的書籍。嗣後，他的重點轉移到應用情境產生的更廣泛的倫理議題。Kimmel 博士是社會議題心理研究學會的會員，曾任職於 Hastings Center 的社會、倫理與生命科學研究所，並為社會心理學推展學會程序委員會的委員。除了有關研倫理方面的工作，他曾發表有關謠言社會心理的論文。

弘智文化事業出版品一覽表

弘智文化事業有限公司的使命是：

出版優質的教科書與增長智慧的軟性書。

心理學系列叢書

1. 《社會心理學》

2. 《金錢心理學》

3. 《教學心理學》

4. 《健康心理學》

5. 《心理學：適應環境的心靈》

社會學系列叢書

1. 《社會學：全球觀點》

2. 《教育社會學》

社會心理學系列叢書

1. 《社會心理學》

2. 《金錢心理學》

教育學程系列叢書

1. 《教學心理學》

2. 《教育社會學》

3. 《教育哲學》

4. 《教育概論》

5. 《教育人類學》

心理諮商與心理衛生系列叢書

1. 《生涯諮商：理論與實務》
2. 《追求未來與過去：從來不知道我還有其他的選擇》
3. 《夢想的殿堂：大學生完全手冊》
4. 《健康心理學》
5. 《問題關係解盤：專家不希望你看的書》
6. 《人生的三個框框：如何掙脫它們的束縛》
7. 《自己的創傷自己醫：上班族的職場規劃》
8. 《忙人的親子遊戲》

生涯規劃系列叢書

1. 《人生的三個框框：如何掙脫它們的束縛》
2. 《自己的創傷自己醫：上班族的職場規劃》
3. 《享受退休》

How To系列叢書

1. 《心靈塑身》
2. 《享受退休》
3. 《遠離吵架》
4. 《擁抱性福》
5. 《協助過動兒》
6. 《迎接第二春》
7. 《照顧年老的雙親》
8. 《找出生活的方向》
9. 《在壓力中找力量》
10. 《不賭其實很容易》
11. 《愛情不靠邱比特》

企業管理系列叢書

1. 《生產與作業管理》
2. 《企業管理個案與概論》
3. 《管理概論》
4. 《管理心理學：平衡演出》
5. 《行銷管理：理論與實務》
6. 《財務管理：理論與實務》
7. 《重新創造影響力》

管理決策系列叢書

1. 《確定情況下的決策》
2. 《不確定情況下的決策》
3. 《風險管理》
4. 《決策資料的迴歸與分析》

全球化與地球村系列叢書

1. 《全球化：全人類面臨的重要課題》
2. 《文化人類學》
3. 《全球化的社會課題》
4. 《全球化的經濟課題》
5. 《全球化的政治課題》
6. 《全球化的文化課題》
7. 《全球化的環境課題》
8. 《全球化的企業經營與管理課題》

應用性社會科學調查研究方法系列叢書

1. 《應用性社會研究的倫理與價值》

2.　《社會研究的後設分析程序》

3.　《量表的發展：理論與應用》

4.　《改進調查問題：設計與評估》

5.　《標準化的調查訪問》

6.　《研究文獻之回顧與整合》

7.　《參與觀察法》

8.　《調查研究方法》

9.　《電話調查方法》

10.　《郵寄問卷調查》

11.　《生產力之衡量》

12.　《抽樣實務》

13.　《民族誌學》

14.　《政策研究方法論》

15.　《焦點團體研究法》

16.　《個案研究法》

17.　《審核與後設評估之聯結》

18.　《醫療保健研究法》

19.　《解釋性互動論》

20.　《事件史分析》

瞭解兒童的世界系列叢書

1.　《替兒童作正確的決策》

觀光、旅遊、休憩系列叢書

1.　《觀光行銷學》

資訊管理系列叢書

1. 《電腦網路與網際網路》

統計學系列叢書

1. 統計學

應用性社會研究的倫理與價值

原　　著 / Allan J. Kimmel
譯　　者 / 章英華
校　　閱 / 高美英
主 譯 者 / 國立編譯館
執行編輯 / 古淑娟
出 版 者 / 弘智文化事業有限公司
登 記 證 / 局版台業字第 6263 號
地　　址 / 台北市吉林路 343 巷 15 號 1 樓
電　　話 / （02）23959178．23671757
傳　　真 / （02）23959913．23629917
發 行 人 / 邱一文
總 經 銷 / 揚智文化事業股份有限公司
地　　址 / 台北市新生南路三段 88 號 5 樓之 6
電　　話 / （02）23660309
傳　　真 / （02）23660310
製　　版 / 信利印製有限公司
版　　次 / 1999 年 4 月初版一刷
定　　價 / 220 元

ISBN　957-98081-4-7

本書如有破損、缺頁、裝訂錯誤，請寄回更換！

國家圖書館出版品預行編目資料

應用性社會研究的倫理與價值／Allan J. Kimmel 著；

章英華譯. --初版. --台北市：弘智文化；1999〔民88〕

冊：　公分（應用社會科學調查研究方法系列叢書；1）

參考書目：面；含索引

譯自：Ethics and Values in Applied Social Research

ISBN 957-98081-4-7（平裝）

1. 社會科學—研究方法

501.2　　　　　　　　　　　　　88000992